戴季陶の対日観と中国革命

嵯峨隆 著

東方書店

まえがき

今年は日中平和友好条約締結から二五周年に当たる。一九七八年八月一二日に調印された条約の第一条の一には次のように述べられている。

両締約国は、主権及び領土保全の相互尊重、相互不可侵、内政に対する相互不干渉、平等及び互恵並びに平和共存の諸原則の基礎の上に、両国間の恒久的な平和友好関係を発展させるものとする。

だが、日中両国間の関係は今日に至って真の「平和友好関係」を築き上げ得たのかと問われれば、答えに躊躇してしまう人も少なくないのではないだろうか。もちろん、曾ての異様とも言えるような「中国ブーム」の再来を求める気はないが、二五周年を迎えるにしては何か寒々としたものが感じられてならない。実際、一九三一年に始まるいわゆる十五年戦争は、依然として日中両国間に大きなわだかまりを残したままであると言わざるを得ないのである。

現に、一九九五年八月一五日、村山富市総理大臣によって、日本が「遠くない過去の一時期、国策を誤り、戦争への道を歩んで国民を存亡の危機に陥れ、植民地支配と侵略によって、多くの国々、とりわけアジア諸国の人々に対して多大の損害と苦痛を与え」たことを認め、痛切な反省の意を示すことが表明されたにも拘らず、その後政治家らによって屢々発せられて来た「妄言」の類は、中国の国民をして日本人が口にする「反省」の真意を疑わせるに足るものであった。

然るに、一方で国際社会復帰以後の中国は紛れもなく「大国」として存在し、その影響力は東アジアだけでなく国際社会全体の動向をも左右させる力を持つに至っている。そのため、現在、マスコミを中心に「中国脅威論」が横行している。しかも中国政府が、その巨大な国家を維持・安定させ続けるべく、しばしば対日問題を国内向けの政治的プロパガンダとして利用する姿勢は、本来中国に対して悪感情を持っていない日本人の中にすら、辟易とした思いを抱かせていることもまた事実である。こうした状況の中から、昨今の日本には健全さを欠いた、草の根のナショナリズムが台頭し始めている。そしてそれは、グローバリゼーションの進行に対する、日本文化の固有性の強調とも重ね合わさって進んで行くかのようにすら見えるのである。

日本人の身の丈を越えた大国意識は自滅への道であるし、自らの特殊性を過度に強調することは独善主義に繋がる。そして、それらが実態を伴わない「アジアへの回帰」と結び付く時、我々は過去の歴史が再び繰り返されることを危惧する。もちろん、人類史における唯一の被爆体験を持つ国民である日本人が、過去と同じように戦争の道に軽々に向かうほど愚かであるとは思えない。だが我々は、現在のような時代状況においては、村山談話にある如く、「来し方を訪ねて歴史の教訓に学び、未来を望」む必要があるだろう。二〇世紀前半の、革命と戦争の時代に展開された戴季陶の対日観を扱った本書が、研究書という形態を取りながらも、歴史の教訓を学ぶための一助となれば著者としては望外の喜びである。

目次

戴季陶の対日観と中国革命

序章　戴季陶と対日観をめぐって

本書は、主として戴季陶の対日観に焦点を当て、その思想全体の中に占める「日本」の位置づけを探ると同時に、近代以降における日中関係の一つの側面を明らかにしようとするものである。戴季陶（一八九一～一九四九）は名を伝賢と言い、天仇の筆名でも知られている。浙江省呉興県の人（生地は四川省）で、清末に日本に留学して日本大学法科に学び、帰国後はジャーナリストとして活躍した。一九一二年に孫文の秘書となり、第二革命失敗後は孫文と共に日本に亡命した。一六年に帰国し、その後は『建設』や『星期評論』誌上で健筆を揮った。新文化運動時期、一時マルクス主義に接近したが、孫文死後は国民党内の右派の理論家として登場した。二八年以降、国民政府委員兼考試院院長を務めたが、国共内戦の末期、過度の睡眠薬の摂取により広州で死去した。(1)

以上の簡単な記述からも分かるように、戴季陶は幾つかの側面を持っているのであるが、就中これまで研究者の最も大きな関心を惹いて来たのは、孫文死後数年間に刊行された反共主義的著作と日本事情への理解度の深さについてであった。すなわち、戴季陶は一方においては国民党内における蒋介石の権力確立の思想的基盤としての戴季陶主義の「宗家」であった。その彼をして、孫文から蒋介石への「転轍機の役割を果たした」[2]とする見方は、正鵠を射たものと言うことができるであろう。他方において戴季陶は、民族性の観点から日本の特徴を描き出し、名著の誉れの高い『日本論』の著者としても良く知られている。そのため、戴季陶についてのこれまでの研究は、主として政治思想と対日観に焦点が当てられる傾向にあった。そして、前者については主に戴季陶主義をめぐる問題と五四時期の思想的特徴に関心が向けられ、後者では『日本論』における独特の分析視角がその政治思想との関連から研究される傾向にあったのである[3]。

しかし、これまで戴季陶はその反共主義的傾向に加えて、後に抗日に消極的であったという評価から、中国共産党の歴史観からは好ましからざる存在と見なされる傾向にあり、しかも彼の「一刀両断」的な批判様式が多くの知識人に嫌悪されるところであったことからして、台湾でも研究対象となることは少なく、まさに海峡両岸から「学問上では扱い難い人物」[4]とされてきたのである。しかし、様々な政治勢力の相対化を前提としたアプローチの有効性が認識されている現在、戴季陶に対する画一化した評価が再検討されるべき時期に入っていることは明らかである。現に、最近の研究動向を見渡すと、以前よりも研究の幅は確実に広がっており、取り分け戴季陶の対外観及び対日観を総合的に、そして時期的に遡って捉えようとする傾向が生じている[5]。こうした研究の活発化は、中国における戴季陶の著作集の刊行[6]によって、資料の活用が極めて容易になったことと関連していることは言うまでもなく、またこれによって従来の研究に見られた政治的先入観に基づいた評価から脱却して、より客観的な立場からその実像を明らかにしようとする傾向も目立ち始めているのである。

ここで、中国人の対日観についての研究手法に簡単に触れておくことにしよう。管見の限りでは、これまでの研究は大別して二つの方向からなされてきたように思われる。一つは集団的イメージの形成とその特徴に焦点を当てるものである。これは現代中国に応用されるケースが多く、その代表的事例として挙げられるものはアレン・S・ホワイティング氏の研究である。[7] 氏は中国における広範なインタビューと文献調査を行ない、それに基づいて中国人の日本観とそれを規定するイメージを分析したのである。また最近では、中国の教科書を通じての対日イメージの形成に着目した研究も見られるようになっている。[8] これに対して、今一つの手法は、個々の人物ないしは団体を対象として取り上げるものである。当然、この立場からするものは、対日観を時代状況の中で一般化しようとする傾向は少なく、むしろ個人の対日観が如何なるものを要素として、そして動機として形成、発展、変化したかに着目するものである。本書の立場は後者に属するが、これは筆者がこれまで政治思想史を主たる研究対象とし、特に時代の中で人物の果たす役割に関心を払って来たことに起因するものである。

さて、中国研究の分野において、「中国人の対日観」というテーマは、これまで日本と中国の間に何らかの摩擦が生じた時に頻繁に浮かび上がって来たと言っても過言ではない。一九八〇年代以降、歴史教科書問題や閣僚の靖国神社参拝問題を契機として、中国人の中に刻み込まれた過去の記憶の現在的意味が問われて来たことからしてもそのことは明らかであろう。そのことは、過去の中国人の日本研究にも同様に言えることである。ある中国人研究者によれば、歴史的に見て中国人の日本研究は四回の高まりを迎えたとされる。(9) それによれば、第一の高まりは明代の倭寇と豊臣秀吉の朝鮮出兵を契機とし、第二は日清戦争の敗北を契機とするものであり、第三は一九三一年から四五年までの日中戦争を契機とするもので、直近のものとしては一九七八年の一一期三中全会以後の改革開放路線を契機とするものであるとされる。ここから、最後の一つを除いて、ほかの三つは日中間の敵対時期に重なるものであることが分かる。そうだとすれば、過去における中国人の日本研究の多くは、時勢の必要に迫られてのものであったと見ることができるであろう。

翻って、本書が考察の対象とする戴季陶の対日観が形成・展開されるのは、右の区分に従えば第二と第三の時期に挟まれた中華民国の前半期に該当する。このことは一見して、戴季陶の対日観が時代の中で主体的に形成されたかのような印象を持たせるのであるが、もちろんそれは程度の問題であるに過ぎない。何故なら、近代以降の日中関係が侵略と抵抗の関係を以て特徴付けられる限りにおいて、中国人の日本研究が単純に知的好奇心を充たすためのものであることは恐らく少なく、仮にそのようなものがあったとしても、それは極めて例外的なものであったと考えられるからである。『日本論』についても当然、同様のことが考えられる。しかし、該書の執筆時期が国民革命の最終段階であったという事実には、それが戦時体制下で敵国情報の紹介を意図する他の多くの文献とは何か性質を異にするものがあるのではないか、或いはそこには何か別の意図が込められているのではないかという印象を持たせるものがあることも事実である。

しかし、そうした「印象」はなかなか「確言」にまでは至らなかった。その理由を考えてみると、それは分析方法に問題があったためではないかと思われる。すなわち、これまでの研究において戴季陶の思想と対日観を別個に扱っていたことに問題があったのではないかと考えられるのである。戴季陶の反共主義思想を反動的であるとして批判しつつも、対日分析を卓越したものとして肯定的に捉えるという、今日の多くの中国人研究者に見られる評価はそうした傾向を端的に示しているように思われる。こうした戴季陶に対する分裂したイメージが固定化してしまったことが、『日本論』についての一歩踏み込んだ研究を妨げることになってしまったのではないだろうか。こうした反省に立って、本書は以下のような前提から分析を行なうこととする。すなわち、対日観を含む対外観はその人物の思想の一部を構成しており、従って、それは現実の政治的課題についての認識と密接に関わっている可能性が大きいということである。そうであるとすれば、対日観は思想傾向との関連で捉えられてこそ正当な評価が可能になると考えられるのである。

然るに、戴季陶の思想評価に関しても、やはりこれまで曖昧にされて来た部分がある。それは例えば孫文との思想的距離についてである。確かに、戴季陶の前半生の政治生活は孫文と共にあり、孫文から受けた影響には多大なものがあったことは言うまでもない。しかし、全ての面で彼が孫文と一体であったと見なすことはその思想的独自性を否定し、延いては孫文死後の彼を安易にオポチュニストとして捉えることになりかねない。仮にそこまで行かないとしても、彼をして「半分主体で半分傍観者」の秘書とする見方からすれば、『日本論』は周縁的人物の政治との緊張関係の産物としか見えなくなってしまうことになるのである。[10]本書はかかる印象論的立場を排除し、孫文と一体であった部分とそうでなかった部分を確認しつつ、思想的実像としての戴季陶の対日観を導き出して行くことを目的とするものである。

以下、本論においては、初期の活動と対日観から説き起こし、五四時期における思想的急進化とその対日観への反映を確認し、孫文の死を挟んだ思想的体系化――それは、国民革命の最終段階を意識したものと考えられるのであるが――と『日本論』の関連を分析して行くことにする。終章では、満州事変勃発後の戴季陶の対応を検討し、彼の対日観は現実政治の中で活用されることができたのか、或いはそうではなかったのかが論じられることになるであろう。なお、巻末に付録として、五四時期の代表的著作である「我が日本観」の全訳を掲載しておいたが、これは、当時の戴季陶の思想と対外観の関連を知ると同時に、後年の『日本論』の構造と特徴を知るうえで有益であると考えたためである。

【注】

(1) 戴季陶の評伝としては、陳天錫編『戴季陶先生編年伝記』(中華叢書委員会、台北、一九五八年)、同『戴季陶先生的生平』(台湾商務印書館、台北、一九六八年)、李雲漢「戴季陶」(王寿南編『中国歴代思想家』

五五、台湾商務印書館、台北、一九七八年）などがある。なお、戴季陶の死因については自殺説もあるが、本書では採らない。

（2）近藤邦康「一九三〇年代中国における抗日の思想」、東京大学社会科学研究所編『運動と抵抗・下〈ファシズム期の国家と社会・八〉』、東京大学出版会、一九八〇年、二八〇頁。

（3）戴季陶に関する先行研究で、一九八〇年代半ばまでのものについては、望月敏弘「五・四時期における戴季陶の政治主張に関する一考察」（『嘉悦女子短期大学研究論集』第二九巻第二号、一九八六年一二月）の第一章に手際よくまとめられているので、そちらを参照されたい。その後に刊行されたものとしては、白永瑞「戴季陶の国民革命論の構造的分析」（『孫文研究』第一一号、一二号、一九九〇年五月、一二月）、郭聖福「五四時期戴季陶対馬克思主義的介紹和研究」（『学術月刊』一九九〇年第九期）、桑兵・黄毅「戴季陶文集の編集状況について」（『近きに在りて』第二二号、一九九二年一一月）、徐鰲潤「戴伝賢対『民族国際』的推行与貢献」（『中華民国史専題論文集』、国史館、台北、一九九二年）、范小方・包東波・李娟麗『国民党理論家戴季陶』（河南人民出版社、鄭州、一九九二年）、馬佩英「戴季陶早期政治思想論略」（『河南大学学報』一九九二年第四期）、同「戴季陶政治思想論」（『史学月刊』一九九七年第三期）、鄭佳明「論戴季陶主義的主要特徴」（『求索』一九九三年第一期）などがあり、日本人研究者によるものとしては、湯本国穂「五四運動状況における戴季陶――『時代』の方向と中国の進む道――」（『千葉大学教養部研究報告』B―一九、一九八六年一一月）、同「五四運動状況と戴季陶の思想」（日本現代中国学会『現代中国』第六一号、一九八七年）、同「戴季陶」（佐藤慎一編『近代中国の思索者たち』、大修館書店、一九九八年）、安井三吉「孫文の講演『大アジア主義』と戴天仇」（孫文研究会編『孫文とアジア』、汲古書院、一九九三年）、髙綱博文「戴季陶の『共和思想』」（『松村潤先生古希記念　清代史論叢』、汲古書院、一九九四年）、関口勝「五四期における戴季陶の思想について」（『亜細亜大学教養部紀要』第五〇号、一九九四年一一月）、同「戴季陶の思想転換の動機とその時代背景について」（『亜細亜大学教養部紀要』第五一号、一九九五年六月)、同「戴季陶の『孫文主義』解釈を繞って(『亜細亜大学教養部紀要』第五二号、一九九五年一一月)、同「戴季陶と中山大学についての一考察」(『亜細亜大学教養部紀要』第五三号、一九九六年六月)、同「戴季陶逸事」(『亜細亜大学教養部紀要』第五六号、一九九七年一一月)などがある。

(4)桑兵・黄毅「戴季陶文集の編集状況について」」、四一頁。

(5)戴季陶の対日観に焦点を当てた邦文による研究成果としては、早くには森永優子「近代中国の対日観――戴季陶の『日本論』と戴季陶主義に関する一考察――」(『史観』第九三冊、一九七六年三月)があり、その後のものとしては、兪慰剛「戴季陶『我が日本観』から『日本論』へ」(『環日本海研究年報』第八号、一九九六年三月)、同「孫文の日本観・アジア観と戴季陶」(新潟大学大学院現代社会文化研究科『現代社会文化研究』第六号、一九九六年一一月)、同「戴季陶の日本人論――『日本論』を中心にして――」(『現代社会文化研究』第七号、一九九七年二月)、同「中国人の武士道論――戴季陶の『日本論』を中心にして――」(『埼玉大学紀要(教養学部)』第二号、一九九八年)、張玉萍「辛亥期における戴季陶の日本認識(一九〇九~一九一二年)」(『中国研究月報』第六一〇号、一九九八年一二月)、同「討袁運動期における戴季陶の日本認識(一九一三~一九一六年)」(『近代日中関係史研究の課題と方法――梅屋庄吉とその時代――報告集』、梅屋庄吉関係資料研究会、一九九九年)、賀淵「戴季陶的日本観(一九一〇~一九三一)」(同前)、望月敏弘「戴季陶の初期日本認識について――辛亥革命前後から日本亡命時期を中心に――」(小島朋之・家近亮子編『歴史の中の中国政治――近代と現代――』、勁草書房、一九九九年)などがある。また、筆者には「五四時期における戴季陶の対日観について――社会主義認識との関連で――」(『東洋学報』第八二巻第二号、二〇〇〇年九月)、「国民革命時期における戴季陶の対日観について――『日本論』の再検討を通して――」(『法学研究』(慶應義塾大学)第七五巻第一号、二〇〇二年一月)がある。

(6)一九九〇年代に入ってから、唐文権・桑兵編『戴季陶集』(華中師範大学出版社、武漢、一九九〇年)、桑兵・黄毅・唐文権編『戴季陶辛亥文集』(中文大学出版社、香港、一九九一年)が相継いで出版され、これによって資料へのアプローチが極めて容易になった。

（7）Allen S. Whiting, *China and Japan*, University of California Press, Berkeley, 1989.（邦訳、岡部達味訳『中国人の日本観』、岩波書店、一九九三年）。

（8）例えば、並木頼寿「中国教科書の世界・日本像」（山内昌之・古田元夫編『日本イメージの交錯』、東京大学出版会、一九九七年）、段瑞聡「中国における歴史教科書と日中関係」（『杏林社会科学研究』第一五巻第四号、二〇〇〇年三月）などがある。

（9）李玉「中国の日本研究――回顧と展望」（日中関係国際シンポジウム資料集、桜美林大学、一九九八年一二月一〇～一一日）、http://www.obirin.ac.jp/unv/plan/siryousyu/ri.htm

（10）今村与志雄ほか「座談会　戴季陶『日本論』をめぐって」、市川宏訳『日本論』、社会思想社、一九七二年、二〇六頁。

第一章　初期の活動と対日観

第一節　中華民国成立前後の言説

戴季陶と日本の関わりは早くに始まる。評伝によれば、戴季陶は一九〇二年に成都の東游予備学校で日本語を学び、この後日本留学の志を立て、〇五年の秋に日本に渡り日本大学法科に入学した。(1) 戴季陶は日本語の能力にかなり長けていたらしく、大学で中国人同学会が組織された際には、日本語で演説を行ない好評を博したほどであった。

一九〇九年、戴季陶は大学卒業の年となったが、生活費に事欠くほどの貧窮状態となり、やむなく中退して帰国することとなった。帰国後は一時上海に滞在したが、間もなく蘇州の「江蘇地方自治研修所」の主任教官に任じられた。その職を辞した後は、上海の中外日報社、天鐸報社に職を得て、論説を発表することとなる。(2) この時期から彼は「天仇」という筆名を使用するようになるが、これには清朝という異民族王朝は共に天を戴くことのできぬ仇敵であるとする、強烈な民族主義的な意志が込められていた。(3) ここに、ジャーナリストとしての戴季陶が登場したのであるが、当時の上海のマスコミ界では「窮達利眼識天仇」（犀利なる眼識を備えた天仇）という言葉が流布したと言われている。(4)

先ず、この間の戴季陶の政治的立場について述べておく必要があるであろう。最初期の戴季陶の立場は立憲君主制を支持するものであった。そのことは、江蘇自治研修所で行なった講義に現われている。すなわち、彼はここで国家制度に「大人本位制度」（君主制）と「民衆本位制度」（民主制）の別があるとしたうえで、現在の中国においては前者の方が好ましいと述べていた。(5) そして、そのような立場から、同様の政治体制を逸早く採用していた日本は、後発国でありながら、世界に優れた地位を築き上げ得た事例として評価されていたのである。(6)

しかし、ジャーナリズムの世界に足を踏み入れた後の戴季陶は、それまでと同様に立憲制を主張するとは言え、もはや清朝の存在を前提にすることはなくなる。戴季陶自身の言葉を引用すれば、「国の将来の発展を図ろうとするなら、立憲を行なわなければならず、立憲の実を上げようとするなら、国会を開設しなければならない」のであるが、将来の立憲が如何なるものであるべきかを考えてみる時、現在の予備立憲なるものは「亡国の徴候」でしかないとされたのである。(7) 先行研究の中には、革命実践運動への移行過程の戴季陶の活動には、政治的な妥協性を見出すことはできないとする指摘もあり、(8) 確かにこの後の彼は民族主義的な側面を顕著にして行くことになる。そして、一九一一年春には『天鐸報』紙上で筆禍事件を起こして南洋のペナンに逃れ、当地で友人の紹介によって中国同盟会に加入し、正式に革命派の一員となったのである。

さて、戴季陶がジャーナリストとなってから日本問題に最初に言及するのは、一九一〇年八月に『中外日報』に発表した「日韓併合と中国との関係」においてである。彼はここで、日本の韓国侵略が将来的に中国（取り分け満州地域）に向かう危険性があると指摘していた。当時、既に日韓併合に関する条約の調印は目前に迫っており、戴季陶の危機感は当時の中国人一般が抱くところであったろう。しかし、当時の戴季陶は韓国を中国の属国であるとする立場を示していたことも事実である。すなわち、「韓国は我が国三千年余りの属国である」、それ故に韓国の存亡問題は中国の存亡問題でもある、とされたのである。[9] この意味において、戴季陶の危機感には旧態依然たる中華思想の残滓が存在していたと言うことができる。

それでは、中国は果たして日本によって滅亡させられてしまうのか。戴季陶の評価では、日本はアジアで最大の国力を誇る国であるが、その程度は未だ列強と肩を並べるまでには至っていない。むしろ、日本は小国で民は貧しく、国力を向上させるには海外に植民地を獲得する以外に道はない。勢い、中国がその侵略の対象となることは明らかである。しかし、日本はその対中国侵略政策を単独で遂行することはできない。もしそれを強行しようとすれば、英米との矛盾を拡大させざるを得ず、その実現は決して容易なものではないと戴季陶は見ていた。[10] このことから、戴季陶は初期の段階から列強の力関係の中で日中関係を捉えようとする視座を持っていたと推察される。しかし、これが中国革命の達成という課題との関連で考えられていたかどうかは、また別の問題である。

戴季陶は既に清末の段階から、「日本人論」についての関心を抱いていたようである。一九一〇年一〇月に書かれた「日本人の気質」はその嚆矢とも言うべきものである。彼はここで人種論の立場から、日本人の神権への迷信を批判しているが、もちろん未だそこには後年のような精緻さは見られない。むしろそこでは、島国としての民族性が日本人の狡猾さと変わり身の速さの原因であるとして、侵略して勝てばその凶暴さと野蛮さを露骨にし、敗れれば相手に媚を売る卑屈さは、それぞれ「奴隷の主人に対するが如くし、富者の貧者に対するが如くする」と評されており[11]、極めて直覚的かつ情緒的な日本人観が示されていたのである。

恐らく、戴季陶に日本人の持つ野蛮さと非人道性を確信させるものとしてあったのが、大逆事件に見られるような国家権力による社会主義運動への血腥い弾圧であった。欧米諸国でも権力者は社会主義の蔓延に危機感を持っているとは言え、それを暴力的に抑えつけるようなことはこれまでなかった。然るに、この事件に現われたような、為政者だけでなくマスコミまでもが弾圧を支持するが如き有様は、日本社会全体に対する不信感を掻き立てたであろうことは容易に想像できるところである[12]。

かくして、最初期の戴季陶の日本評価はかなり厳しいものであったことが理解される。こうした姿勢は、中華民国成立後も続くことになる。当時、中国に直接的に脅威を与える国として考えられたのは日本とロシアであったが、戴季陶の評価によれば中国にとっては日本の方が悪質であると考えられた。そのことは、辛亥革命に際しての日本の行動に現われていた。すなわち、日本は内戦の早期終結と秩序回復を憂慮して、革命軍の援助と同時に清朝政府への援助をも行ない、清朝皇帝が退位すると今度は宗社党を利用するなど、いわゆる「漁夫の利」を得ようとしていたからである。(13) こうしたことから、日本政府は野心に凝り固まり、中国を壟断しようとする立場にあると考えられたのである。

一九一二年八月、戴季陶は『民権報』に「日本政治方針の誤り」を発表した。ここでは、第三回日露協約調印後、英仏を始めとするヨーロッパ諸国が本国周辺に力を割かなければならなくなった状況から、アジアにおける脅威は日本だけになったと指摘する。今や「日本は東方のドイツである」と戴季陶は言う。(14) ここでは、この後に深まって行く日本の対中国侵略、そして将来の日米開戦の可能性などが指摘されており、その洞察力と先見性には優れたものがあったと言うべきである。

翻って、戴季陶は日本が中国を併呑することは不可能であるとも言う。その一つの根拠は、日本が本来海洋国であることから南方に侵出すべきであるにも拘らず、大陸方面への北進政策を採っていることである。(15) 彼は、この方針がいずれ破綻を来し、南方展開への道もまた閉ざされることになるであろうと予言している。戴季陶がそのように指摘するのは、日本の海洋国家としての人種論と民族性に根拠を置くものであって、曾ての「日本人の気質」と同一の論調に基づくものであった。

以上のように、清末・民国初年を通じて戴季陶の日本に対する見方には厳しいものがあった。

ところが、一九一三年の二月から三月にかけて、全国鉄路督弁となった孫文の秘書兼通訳として日本を訪問した後になると、戴季陶の対日姿勢には大きな変化が見られるようになる。すなわち、帰国後に書かれた「強権陰謀の黒幕」において、戴季陶は日本の国力と黄色人種であることを根拠に日中提携論を提示しているのである。そこでは次のように述べられている。

日本は東洋の先進国であり、また黄色人種の中で最強の国家である。もしお互いに連携することができれば、内には我が国の建設を助け、外には野心を持った国の侵略を防ぐことができる。〔中略〕今、ロシアの挙動は露骨となり、クーロン（ウランバートル——引用者）の叛乱を助け、我が国に侵略して来た。しかし、日本はロシアに動揺させられることなく、極力我が国との提携を図ろうとしている。今日における日本の朝野の意見は、一致共同して両国の安全と世界の平和を図ろうとするものである。(16)

これまでの戴季陶の考えでは、内蒙古と南満州への脅威という点ではロシアと日本は同列に論じられていた。それがこの時期になると、日本の政策はロシアよりも好意的に評価されるようになる。そして、ロシアに対抗するために、日本と中国は提携しなければならないと説くのである。このような戴季陶の対日観の変化は、孫文からの影響に起因するものと判断するのが妥当であろう。と言うのは、従来の戴季陶の考えには黄白人種闘争説の如き見方は存在せず、これが孫文の説を援用したもの以外には考えられないからである。従って、この時の戴季陶の対日観が本質的に変化を来したと見なすことはできない。

それでは、第二革命敗北後の状況の中で、戴季陶の対日観はどのようなものとなったであろうか。次にこの間の彼の言動を見て行くことにしよう。

第二節　日本亡命と対日観

第二革命敗北直後の一九一三年九月、上海から大連に移っていた戴季陶は、船で門司に渡り東京へ向かった。これより一ヵ月ほど前、孫文は既に神戸経由で東京に到着しており、その後を追ってのことであった。[17] この時の日本滞在について、大連から同行した山田純三郎は「目下大連ニ集合セル同志一派ト孫黄等トノ連絡杜絶シ居ルタメ、其連絡ヲ計ルト同時ニ、今後如何ナル態度ヲ採ルベキカノ方針ヲ打合ハセンガ為メ」とし、革命派同志が帰国して「勢力ノ扶殖ヲ計リ、時機ノ至ルヲ俟テ再挙ヲ企ツル」一方、大連に結集した同志を解散させるための資金集めが主たる目的であり、目的が達せられ次第帰国する予定であると語ったということである。[18] この説明がどこまで真実を伝えているかは別として、結果的に戴季陶は以後約二年半にわたって日本に滞在することになる。

日本滞在中の戴季陶の主たる役割は、以前と同じく孫文の秘書兼通訳であった。[19] そのため、彼の発言は孫文の意を代弁するものが多かったと見られる。例えば、第三革命を準備するに当たって、戴季陶は従来の革命政党の組織的散漫性と連絡の不十分さを反省する必要があるとし、「今次ハ此点ニ付キ多クノ留意ヲ払ヒタリ」と中華革命党の企図するところを述べていた。また、組織の在り方をめぐる革命派内での意見の不一致については、「多少意見ノ扞格ヲ来ス事ハ免レザルコトナレドモ、今回ハ小異ヲ捨テ大同ヲ採リ、愈々事ヲ挙グルノ日ハ一致ノ行動ヲ採ル事ニナリ居レリ」と述べているが[20]、実際には孫文と反対派の間にできた溝が深刻なものであったことは言うまでもない。

　革命派の組織的再生と同時に、孫文らにとっての急務は運動資金の獲得であった。討袁の気運は確実に高まりつつあり、国内の軍隊との連携も進みつつあるにも拘らず、革命のための軍

1913年訪日時の孫文（前列中央）と戴季陶（前列右から２人目）

資金に不足し、且つまた日本政府の援助が得られないという事態は、最も憂慮すべき事柄であった。更には、中国公使館からのデマによる民心の攪乱や買収など、革命党員への切り崩し工作も頻繁に行なわれていた。[21] このような状態の中、時まさに日本軍による青島占領直後の談話で、戴季陶は次のように述べていた。

余一個ノ見地ヨリスレバ、青島陥落セシ今日ニ於テハ、支那政府ハ必ズヤ日本ニ対シ山東省ニ駐屯スル軍隊ノ撤去ヲ要求スルナラン、之ノ要求ノ背後ニハ必ズヤ独米両国ノ潜在シ居ルコトヲ思ハザルベカラズ、日本ニシテ之ノ要求ヲ容レザルニ於テハ、必然米国ハ表面ニ立チ抗議ヲ提出スルニ至ルナランガ、斯クシテ日本モ山東省ヨリ大部分ノ軍隊ヲ撤去スルハ大ニ苦痛トスル処タルベキヲ以テ、自然駐兵ノ口実ヲ他ニ求メザル可カラズ、或ハ如斯場合ニ於テ、日本政府ハ余等革命党ヲ利用スルノ策ニ出ヅルニアラザルナキ哉、之レ余等ノ望ム所ニシテ又タ革命ノ目的ヲ達シ得ルノ時ナリト信ズ云々[22]

当時の戴季陶の言説からすれば、ヨーロッパ大戦の動向と中国革命とが連動するものと考えられていた。すなわち彼は、ドイツの形勢が危うくなる時が革命軍蜂起の好機であると考えていたのである。しかし、上記引用部分に現われている戴季陶の姿は、純粋なナショナリストであるよりもむしろ現実主義的政治家に近いものがある。こうした戴季陶の背後には、革命支援を交換条件にしばしば対日妥協の姿勢を見せていた孫文の存在が想起される。だが、それまでの所説から見て、戴季陶が同様の考えを共有していたとは考え難い。思うに、日本の官憲の前に現われる戴季陶は、徹底した孫文の代弁者として振る舞ったと見るべきかも知れない。

にも拘らず、この時期の戴季陶の思想は孫文のそれとかなりの距離があったように見える。そのことは、一九一四年五月に日本語で発表された「支那に於ける共和思想」(『支那と日本』第二年五月号所収)と題する論説を見れば明らかである。この問題については、既に髙綱博文氏の研究で詳細に論じられているが、それに従えば、戴季陶は共和思想を信奉するとは言いながら、実はそれは人民主権や民主主義の原理に則ってのものではなく、むしろ彼の政治観は全ての事柄に優先して「国家の発展」を求める「超国家主義」と言うべきものであったのである。[23]政治体制の如何を問わず、国家の発展を価値判断の基準に置く発想は、既に最初期の言説の中にも現われており、[24]それがこの時期に至って少しく体系化されたと見るべきであろう。

以上のような戴季陶の思想傾向は、対日認識にも反映されることになる。それは、日本の文化的特性についての見方の変化として現われている。前出の論説と同じ時期、戴季陶はやはり日本語で「国家精神より見たる支那」と題する論説を発表している。この論説は、「国民信仰」や「国民精神」の強弱という観点から日本と中国を対比し、近年における中国の不振の原因がこれらの衰退にあることを論じたものである。ここで注目すべきことは、その冒頭で「一国の将来を論ずるに当つて其の国の歴史精神より見ざれば其の国の事情を了解し得ざるのである」[25]と述べているように、戴季陶がここで国家の現在と未来を「国民の歴史精神」との関連で捉えるという観点を提示していることである。

戴季陶の説くところでは、もし固有の国民的精神がなく、徒に外国の文化を輸入してそれに盲従すれば、その国は他の国に同化され消滅してしまうだろうとされる。しかし、日本は絶えず外国の文明を吸収して来たにも拘らず、諸外国の文明は日本国民の歴史精神に同化され、日本人はそれを以て自らの文明を形成して来たのである。日本が強盛となった最大の要因はここにあった。戴季陶によれば、数十年前の日本は「政治の紊乱」「実業の不振」「兵力の微弱」「学問の進歩せざる」点において、現在の中国よりも甚だしいものがあった。しかし日本には、人民の共同信仰の持続が依然として存在しており、それが故に「間もなく百政整頓して今日の堂々たる世界の一等国となつた」のである。(26)

以上のような文脈からは、戴季陶がこの時期から日本固有の文化に着目し始め、近代化成功の要因を探るようになったことが理解される。ここには、以前のような情緒的な判断に基づく否定的な評価は見られず、むしろ日本を独自の文化を備えた国家とする認識が現われている。取り分け、日本人が持っている共通の信仰や精神についての関心は、この後に書かれる「我が日本観」や『日本論』のテーマの一つとなって来ることになるのであるが、同時にそれらが中国に欠けているとする認識には、中国が将来日本のように「一等国」となるためには、日本の歴史や経験をモデルとすべきであるとする発想が生じる契機も含まれていたと考えられる。(27)こうした点におい

たもので、まさに「政治的な日本論[30]」と称するに相応しいものであった。戴季陶の対日提携の主張が必ずしも堅固なものでなかったことは、彼が一七年に入ってから対日批判を再開することからも理解することができるのである。

一九一七年一二月から翌年一月にかけて、戴季陶は『民国日報』紙上に「最近の日本の政局及びその対華政策」と題する記事を連載した[31]。ここで戴季陶は、日本政府及び一般の日本人の侵略性を指摘し、日本の対中国政策の根幹は「勢力拡張」と「利権拡張」にあったとする。そして彼は、「私は日本民族を同文同種の兄弟と見なすが、日本の帝国主義は東亜の平和を害い、民族の自由と平等の大義に悖るものであって、深謀遠慮の日本人にはその非を悟り、放棄することを望まずにはいられない[32]」と述べ、日本の帝国主義政策を厳しく批判している。しかし、戴季陶は帝国主義と直接的に対決すべきだとの姿勢は示していない。そのことは、中国の外交が「無政策こそ最上の外交政策であり、手段を用いないことが最上の外交手段である[33]」とする姿勢に現われている。中国の選択すべき道は、「内政の整理」による国力の強化の一点に尽きるものであったのである。恐らく、ここに現われた戴季陶の姿勢は、後年の政治環境の中でも持続して行くことになるであろう。

以上のことから、五四時期以前の戴季陶は、日本に対しては提携論と批判的姿勢を併存させていたことが理解される。だが、清末・民国初年からの彼の言説の流れからすれば、対日提携論の登場は極めて唐突であり、必ずしも彼自身の冷静な分析の結果であるとは言えないように思われる。むしろ、批判的姿勢こそが彼本来のものであったと見るべきであろう。そして、日本の帝国主義政策を批判しながらも、それとの全面的対決を求めようとしない姿勢は、恰も彼が運動論との関連の中でこの問題を捉えていなかったかのような印象を与えるものであった。また、民国初年の段階から、日本の歴史や文化についての関心が示されるようになるが、それは国家主義的立場との関連でなされたものであった。それでは、以上のような姿勢は五四時期に至って変化を来したのであろうか。次章においてこの問題を検討して行くことにする。

【注】

（1）陳天錫編『戴季陶先生編年伝記』、中華叢書委員会、台北、一九五八年、七～九頁。
（2）唐文権「戴季陶集前言」、唐文権・桑兵編『戴季陶集』、華中師範大学出版社、武漢、一九九〇年、三～四頁。
（3）李雲漢「戴季陶」、王寿南編『中国歴代思想家』五五、台湾商務印書館、台北、一九七八年、一三頁。
（4）同前、三頁。
（5）戴季陶「憲法綱要」（一九〇九年一二月二日～一九一〇年三月一日）、桑兵・黄毅・唐文権編『戴季陶辛亥文集』、中文大学出版社、香港、一九九一年、八頁。なお、馬佩英は当時の戴季陶の姿勢が楊度のそれに似通ったものであることを指摘している（「戴季陶早期政治思想論略」、『河南大学学報』一九九二年第四期、五二一～五三三頁）。
（6）同前、一一頁。

（7）戴季陶「立憲救亡乎立憲亡国乎」（一九一〇年八月一七日）、同前、九五頁。
（8）望月敏弘「戴季陶の初期日本認識について――辛亥革命前後から日本亡命時期を中心に――」、小島朋之・家近亮子編『歴史の中の中国政治――近代と現代――』、勁草書房、一九九九年、五七頁。
（9）戴季陶「日韓併合与中国之関係」（一九一〇年八月五日）、『戴季陶辛亥文集』、三〇頁。
（10）戴季陶「日英美之新条約――東洋之緊急風雲」（一九一一年四月一五日）、同前、六八五～六八六頁。
（11）戴季陶「日本人之気質」（一九一〇年一〇月一七日～二〇日）、同前、一七七～一七八頁。
（12）戴季陶「無道国」（一九一一年二月二日）、同前、五一六頁。ちなみに、大逆事件の判決は同年一月一八日に宣告されていた。
（13）戴季陶「今日之外交界」（一九一二年六月五～七日）、同前、九二〇頁。
（14）戴季陶「日本政治方針之誤」（一九一二年八月四、五日）、同前、一〇九三頁。
（15）同前、一〇九五頁。
（16）戴季陶「強権陰謀之黒幕」（一九一三年八月四日）、同前、一四〇二頁。
（17）外務省記録文書「秘第五〇六号」（一九一三年九月二六日、『各国内政関係雑纂　支那ノ部〔別冊〕革命党関係〔亡命者ヲ含ム〕』第八巻所収）には以下のような記述がある。「大連ニ滞在セル戴天仇ハ新聞記者島田セイ（政）ト変名シ、昨日出帆ノ台南丸ニテ門司迄ノ切符ヲ求メテ出発セリ、右ハ孫逸仙ヨリ至急上京スベキ旨電報アリシ為メニテ、門司ヨリ急行列車ニテ孫逸仙ノ許ニ直行スル予定ナリト云フ。本邦人山田順《ママ》三郎会社員ト称シテ同行セリ」（本文は読点・濁点を付すなど校訂し、常用漢字に改めてある。以下、同じ）。なお、同月二一日の報告書によれば、戴季陶の大連到着は八月二七日のことであった。
（18）外務省記録文書「乙秘一三八九号」（一九一三年一〇月三日、同前所収）。
（19）実際、外務省記録文書の「孫文ノ動静」には「戴天仇」の名前が頻繁に登場し、特に日本人要人との会談の際には同席することが多かったことが分かる。

(20) 外務省記録文書「乙秘第一六一五号」(一九一四年八月二四日、『各国内政関係雑纂　支那ノ部〔別冊〕革命党関係〔亡命者ヲ含ム〕』第一三巻所収)。
(21) 外務省記録文書「乙秘四三五号」(一九一五年三月一〇日、同前、第一五巻―二所収)。
(22) 外務省記録文書「乙秘第二二五五号」(一九一四年一一月一四日、同前、第一五巻―一所収)。
(23) 髙綱博文「戴季陶の『共和思想』」、『松村潤先生古希記念　清代史論叢』、汲古書院、一九九四年、四三八頁。
(24)「憲法綱要」、八頁。
(25) 戴季陶「国家精神より見たる支那」、『国家及国家学』第二巻第三号、一九一四年五月、三八頁。なお、引用文は常用漢字に改めてある。以下、日本語資料からの引用の際は同じ。
(26) 同前、四九頁。
(27) 後の第四章で述べるように、戴季陶はこの度の日本亡命時期、秘書の仕事の合間に、様々な資料や文献を渉猟し、それが「我が日本観」や『日本論』執筆に活用されたものと推測される。
(28) 戴季陶「支那に於ける共和思想」、『支那と日本』第二年五月号(一九一四年五月)、二六頁。
(29) 戴季陶「存歟亡歟　支那と日本の将来　十年後は果て如何」、『民報』一九一五年一月六日。
(30) 望月敏弘「戴季陶の初期日本認識について――辛亥革命前後から日本亡命時期を中心に――」、六七頁。
(31) この記事については、後に戴季陶自身が「我が日本観」において、「『日本』というテーマを離れること、遥かに遠いものであった」(「我的日本観」、一九一九年八月一日、『戴季陶集』、九二三頁)と評しているが、実際には、ここには「我が日本観」に取り入れられた部分が散見される。
(32) 戴季陶「最近之日本政局及其対華政策」(一九一七年一二月三日～一九一八年一月二四日)、『戴季陶集』、八二〇頁。
(33) 同前、八五七頁。

第二章　五四時期の思想と対日観

これまで、五四時期における戴季陶の政治的立場ないし主張は一つの研究テーマとして検討されて来た。しかし、筆者の見るところでは、この時期の対日観は独立したテーマとして取り上げられて来なかった観がある。一部には、この時期の戴季陶の対日観を「反日的」であるとする観点から、国民革命時期におけるそれと一体化させて扱おうとする研究すら見られるのである。[1] しかし、五四時期の「反日」を支える政治的立場が、後の時期と同一でなかったことは明らかである。すなわち、先行研究で既に指摘されているように、この時期の戴季陶は「群を抜いたマルクス主義者」[2]として時代に立ち向かっていたのであり、そうであるとするならば、この時期の彼の対日観にも当然の如く社会主義的要素が反映されていたとするのが最も常識的な見方になると考えられる。筆者が五四時期の戴季陶の対日観を特定化し得ると考える根拠はここにある。

さて、五四時期の戴季陶の対日観を現わすものに「我が日本観」があることは良く知られている。しかし、従来の研究においては、これを九年後に書かれた『日本論』の出発点として評価するものが殆どであった。確かに、後に第四章で確認するように、「我が日本観」が『日本論』の前半部分の下敷きになったことは事実である。しかし、この時期の分析と姿勢とを以て戴季陶の対日観の初歩的段階と見なすことは、彼の思想的成果と切り離してしまうことになりがちである。むしろ、筆者の立場からすれば、これを戴季陶の五四時期の思想的産物であるとする立場から見ることによって、これに従来の「親日」「反日」という枠を越えた評価を下すことができるのではないかと考えるのである。そこで、以下においては、戴季陶の五四時期の社会主義認識を概観したうえで、「我が日本観」に現われた対日観の特徴を検討して行くことにする。

第一節　「社会主義者」戴季陶の登場

戴季陶は清末・民国初年の段階から、社会主義一般には好意的な姿勢を見せていた。しかしその一方で、「財産の共有」「階級の廃除」「人間の平等」を唱える社会主義を混乱の思想として捉えていた。中国では国権の保全こそが優先されるべきであるというのがその最大の理由である。(3)そして、欧米諸国では産業資本が発達し、社会を壟断し平民を抑圧している状態にあるのに対し、中国ではむしろ資本主義の発展こそが現在の急務であり、そのためには階級の調和が必要であると考えられていた。(4)このような観点から、戴季陶が国権維持型で階級調和型の社会主義に対しては好意的な姿勢を取る一方で、権力を揺るがすが如き、或いはその廃絶を主張するが如き潮流に対して批判的姿勢を取ることは自然の成行きであった。(5)

初期の戴季陶の社会主義認識との関連で興味深いのは、階級についての考え方である。彼は一九一二年に書かれた論説の中で、社会の階級を次の三つに分類していた。すなわち、「貴人と富者」「事業と労働に従事する者」「乞食」である。これらのうち、戴季陶は「事業と労働に従事する者」が社会の最も有力な階級であると考える。それに比して、残りの二つの階級は、自らの力を頼りとして生活しないため、社会の害虫にも等しく、将来においては消滅するべきものと考えられていた。しかも、中国の発達のためには事業を興す必要があり、そのためには労働者の生活の安全が必要とされる。そして、その安全のためには、事業者と労働者の調和、更には労働者の自助努力が必要と考えられたのである。(6) ここからは、生産に従事するという点から事業家と労働者を同一階級に捉え、両者の調和を求めようとする、彼独特の見方が窺えるであろう。恐らく、これが戴季陶の社会主義論の原型であったと考えられる。

一九一九年に五四運動が勃発すると、戴季陶はこれに好意的な反応を示した。例えば、運動の約一ヵ月後に出された「中国人の組織能力」では、学生たちの秩序ある行動を称えていたのである。(7) しかし、そうした評価はあくまでも学生の理性的行動に対するものであって、労働者の闘争に対するものではなかったことに注意しておく必要がある。戴季陶の評価では、中国の労働者はまだそのような運動を担い得る程度にまでは達していなかったのである。むしろ、現在の中国において必要とされることは、①労働組合の組織化と②労働者の教育という二つの問題であった。そして、①は②の実現の後に可能となり、②においては資本家の階級的譲歩を念頭に置く必要があり、

「ロシアの資本家による階級的圧迫の後塵を拝してはならない」と考えられていた。[8] 彼は、中国は社会民主主義の正しい道を歩むべきで、激烈な社会革命の危険を除かなければならないと述べていたのである。ここからは、従来からの労資協調型の発想の持続を窺うことができるであろう。

当時の戴季陶には、社会革命の発生が国内の混乱と外国の干渉を招く危険性があるとする考えがあった。そのため、労働者が尖鋭的な闘争を展開することは有害であると考えられていた。その意味では、一九一九年六月における上海の労働運動も、労資対決に至らずに終ったことは歓迎すべきことであった。未組織で無教育で、訓練を受けていない労働者による、準備不足のストライキは、多大な危険性を持つだけでなく、労働者自身にとっても何の利益をもたらすものではないと考えられたからである。[9]

それでは、この時期の戴季陶は、ロシア革命とボルシェビズムに対して如何なる認識を持っていたのであろうか。一言で言ってしまえば、五四運動直後の戴季陶はこれらを否定的に見ていた。彼によれば、今日の中国で恐れるべきことは、ルンペン・プロレタリアートによる騒乱である。「もし万一、ボルシェビキの思想が彼らの階級の中に浸透したなら、本来破壊と略奪によって日々を過ごし、全くの判断能力もなく文明が如何なるものであるのかも知らない彼らは、一気に爆発してしまい、ボルシェビキの仮面を掛けて野蛮な略奪を正当化するであろう。その危険さは、ロシアの何倍にも相当するのである」。[10] むしろ、中国で必要なことは、デモクラシーの国家と社会の実現であると考えられた。以上のことから、戴季陶は五四運動には好意的な反応を見せたものの、当時流入しつつあったロシア革命型の社会主義運動に対しては否定的な見解を示していたことが理解される。

それでは、戴季陶はマルクス主義全般に否定的であったかと言えば、そうではなかった。例えば、一九一九年九月に発表された「経済上から中国の乱源を観察する」と題する論説で、戴季陶はマルクス主義の理論に基づいて中国の社会分析を行なっていたのである。また、『建設』誌上ではカウツキーの『資本論』解説を翻訳しており[11]、その思想的理解度も一定水準に達していたと見ることができる。しかし、彼はマルクス主義理論を機械的に当てはめるのではなく、むしろ中国社会の現状を西欧社会とは異なった状況にあるものと見ていた。すなわち、欧米で発生している社会現象は「農民の労働者化」であり、「直接生産する労働者の奴隷化」であり、「中流階級の平民化」であるが、中国ではそうしたことは少なく、最も重要な事実は以前の家内制工業や徒弟制工業の生産者が外来の機器製造品に圧迫されて、多くの失業者が生じていることだとされたのである[12]。

以上のような外部からの圧迫を強調する立場は、当然のことながら国内における階級対立を否定する立場に繋がる。中国で現在発生している様々な混乱は、階級的問題に起因するのではなく、外来の産品が圧迫して生じた生活不安、生活落伍者の増加、人力と地力の不通に起因するものであった。そうであるとすれば、将来の中国に求められることは、産業の発展などの自助努力ということになる。そしてその際には、孫文の産業振興計画が有効になるであろうと言う[13]。ここからすれば、戴季陶のマルクス主義の受容は、孫文からの離反を意味していなかったと判断される。そして、戴季陶にとってのマルクス主義は、固定的モデルとして存在するものではなく、それぞれの民族によって様態を異にするものと考えられていたことにも注意しておく必要があるであろう。[14]

戴季陶は一九二〇年に入ってから、マルクス主義への傾斜を一層強めることになる。すなわち、戴季陶は従来の階級調和の主張を大きく転換させ、労働者階級と資本家階級が互いに相容れない存在であり、階級闘争が不可避であることを明言するに至るのである。[15] また、彼は「革命的独裁」に対しても賛意を示し、更には、従来は秩序の破壊者として捉えられていたルンペン・プロレタリアートに対しても、それが階級的自覚を持てば社会革命の担い手たり得るとの見解を見せるに至った。そして、革命の担い手は「知識を持った先覚者」と「自覚した失業者・労働者」に限られ、以前は有力な階級の構成要素とされていた「事業に従事する者」は姿を消したのである。[16]

さて、戴季陶は一九一九年の末から、ソビエト・ロシア政府の対外政策に好意的な見解を示すようになっていた。戴季陶によれば、過去において中国人がロシアを憎んだのはその侵略政策に原因があった。しかし、革命後のロシアが採用する不侵略政策は十分に許容し得るものである。[17] そのため、この後の中国の国益と東アジアの平和と幸福のために、ロシアと親善を図るべきであると言うのである。[18] こうした姿勢は、翌二〇年のカラハン宣言の公表によって更に顕著となる。例えば、四月に発表された「ロシア労農政府の通告の真義」と題する論説において戴季陶は、これを「人類史上空前の美挙であり、歴史上如何なる民族・国家といえども、かくも偉大なる事業を成し遂げたことはなく、かくも高潔・高尚なる道徳を持ち得たことはなかった」と最大級の賛辞を以て歓迎し、中国人自身もまた「世界の被略奪者の自由のために闘う自由の民とならなければならない」と述べているのである。(19) この言葉は、将来の中国における社会主義革命実現の必要性を示唆しているかのように見える。

戴季陶によれば、ロシアを起点とする社会主義革命の世界的波及は必至である。何故なら、革命によって変革されるのは全世界共通の制度であって、一国固有の制度ではないからである。この制度は、全世界の経済的交流によって相互に関連したものとなっているのである。現在、国家主義は世界の交通経済の成立によって破綻を来しており、また国家の保護の下にある資本主義的生産制は、分業協力の大生産組織が成立した後に破綻を生じるに至った。今や、これら死命を共にする二つのものは、全世界の平民の「協同・共享」の社会を完成させる努力によって消滅させられて行くのである。(20)

それでは、世界革命へと向かって行く歴史の方向の中で、中国での現在的課題は如何なるものであるのか。一九二〇年五月に発表された文章によれば、現在の中国における労働運動の課題は「生活の改良」である。政治的労働運動は、労働者自身の生活が些かでも改善されて初めて実行可能となるものである。従って、未熟な状態にある彼らを政治的運動に駆り立てることは、一部の人々の政治的目標を達成させることには役立っても、労働者の利益には結び付かない無責任な行動にほかならなかった。むしろ、現在必要とされることは、マルクス主義を根幹とする科学的社会主義を学び、各国の労働運動、社会主義運動の経験に学ぶことであった。[21]

戴季陶はある文章において、世界大戦の後、中国労働者の「階級的自覚」が高まりを見せていることを指摘している。[22] しかし、これを以て即座に階級闘争のためのものと考えるのは早急であろう。むしろ、中国の労働運動の後進性、すなわち産業組織の幼稚さ、労働者階級の知識の低さを感じ取る戴季陶は、その克服が必要であると考えていた。そうであるとすれば、彼の言う「階級的自覚」とはそうした努力に向けてのものと見なすのが妥当であると考えられる。

以上のことから、戴季陶は一九一九年から二〇年にかけて急速にマルクス主義に接近して行ったことが理解される。しかし、それは中国での尖鋭化した闘争を求めるものではなく、穏健な労働運動を求めるものであり、彼の言う「労働者の階級的自覚」とはその範囲に留まるものであった。従って、マルクス主義受容にも拘らず、それは革命運動との関連で認識されてはいなかったのである。ここからして、戴季陶の考えの中では、この段階での社会主義中国の即時的実現の期待感は希薄であったと言えよう。

第二節　「我が日本観」とその周辺

前節では五四時期の戴季陶の社会主義への接近について述べて来た。それでは、その過程における彼の対日観は如何なる変化を見せていたのであろうか。本節ではこの問題を中心に検討して行くことにしよう。

五四運動直後の戴季陶の対日姿勢を示すものとして屡々言及されるものに、五月八日に張継、何天烔との連名で発表された「日本国民に告げる書簡」がある。ここでは、日本が政治的・経済的勢力を朝鮮半島と中国大陸に拡張することを「伝統的政策」であるとし、これが中国と日本が共存できない原因であるとしたうえで、「日本はアジアの各国家民族に対し、口ではつねに黄色人種の独立自存を広言しているが、その行為はいつでもきまってかよわい黄色人種の国家の財産を強奪している」として、日本はアジアの敵であると論じていた[23]。そして、多くの国民が政府の侵略政策を擁護している現状を批判し、「賢明な日本国民」が自覚を持って立ち上がり、その政治組織を根本から改造し、伝統的政策を廃止することを希望していたのである。

しかし、ここに見られる戴季陶の対日批判――但し、共著の文章であるため全てが彼の考えを反映しているとは言えないかも知れないが――の論調は、前章で見たような一九一七年からの傾向の延長線上にあり、彼の主張が必ずしも五四運動の発生を以て劇的な変化を遂げたとは言えない。その意味では、この記事は必ずしも画期性を持ったものではないと言わなければならない。ただ、日本の伝統的政策の変更を訴えている点は、「我が日本観」に繋がるものとして注意しておく必要があろう。

戴季陶の五四運動に対する反応が好意的であったことは、前節で既に述べたところである。しかし、それは理性的な運動に対するものであって、運動の中で現われたような熱狂的な部分に対しては批判的な姿勢を示していた。例えば、血書を以て決意表明をするが如き者に対しては、「軟弱で不誠実で皮相的な行為であって、一種の国民の弱点である」[24]とまで評していた。更には、日貨排斥運動に対しても戴季陶は冷静な態度を示している。すなわち、彼は日貨排斥運動が政治上における一時的手段であって経済上の根本原則ではなく、また日本の行動を懲罰するものであっても中国を救済する方法たり得ないと述べていた。[25] 戴季陶は中国の「国民自決」は「国民自給」によってのみ達成されると考えており、ここから彼が単純な排日論者でなかったことが理解される。「我が日本観」はこのような文脈の中で執筆されたのである。

103 說 論

◎我的日本觀 季陶

(一)研究日本問題的缺乏—日本研究中國問題的精密豐富—研究日本問題感想
(二)神權的迷信—筧博士的國體論—古學派的學說—古事記的開天闢地說
(三)君權神授思想—神權思想的時代化—吉田松陰等的國體論—封建制度與社會階級—武士道的淵源
(四)國家觀念的缺乏—封建時代的農民生活—穢多非人—民權運動的原因—儒家思想及歐洲思想的關係—日本化
(五)封建時代的武士生活—武士的氣質—仇討與切腹—助大刀—武士道與古學派哲學
(六)政教獨占—町人生活—「町人根性」
(七)幕府倒潰的原因—尊王攘夷和開國進取—豐臣秀吉的開國進取方針—海外貿易與征韓論—法國人權思想與維新—「武」的民權
(八)勞工發的發達—軍閥對閥的來歷—得意的武士和失意的武士
(九)「武士」與「町人」的結納—山城屋事件—足尾銅山事件—軍國主義資本主義的內容
(十)政黨的來歷—五參議辭職與政黨—板垣退助—政黨的腐敗—元勳末路
(十一)歷史的回顧—今後的日本—產業革命與農工—歐戰與社會運動—政黨資本家對於社會運動的態度
(十二)對華政策與日本固有思想—傳統政策—Yokogahuri—政治組織改革的必要—中國人觀察日本的錯誤
鄙的日本觀

【1】

「我が日本観」目次

「我が日本観」は、一九一九年八月の『建設』創刊号に掲載されたもので、全一二節、三〇頁にわたる長編の論説であった。戴季陶がこの論説を執筆しようとした動機は、日本人が中国を研究することに熱心なのに比べて中国人の日本研究は極めて少なく、それは恰も「思想における鎖国」「知識における義和団」の如き状況にあるかのように思えたためである。[26] そこで戴季陶は、「日本」というテーマを検討し、「彼らの性格はどのようなものであるのか、思想はどのようなものであるのか、風俗習慣はどのようなものであるのか、国家と社会の基礎はどこにあるのか、生活の根拠はどこにあるのか、彼らの過去はどのようなものであるのか」ということを明らかにして、これらを中国人の前に腑分けして提示しなければならないと考えたのである。(27)こうした発想の端緒は既に見たように、日本亡命中の言説の中に現われていた。しかし、五四運動の排日的気運が高まる中で、こうした問題意識を前面に出し得た人物は恐らく稀であったろう。以下、その内容を概観して行くことにしよう。

戴季陶はここで、日本の歴史的・文化的背景の分析に約半分の紙幅を割いている。戴季陶が最初に取り上げるのは、日本に古代から存在していた「神選民族」としての迷信についてである。それは、天皇を神の子孫とする「万世一系、天壌無窮」の思想である。こうした思想の基礎の上に、江戸時代の古学派が形成されたのであるが、中国では孔子の時代に既にそうした思想から脱却したにも拘らず、日本では皇権神授説に対する迷信が依然として持続しており、支配階級に影響を与え続けているのである。

他方、封建時代の日本を特徴付けるものに「同胞観念」の欠如がある。これはある論者が指摘するように「民族観念」と言い換えることができるものであるが、(28)こうした精神の欠如が日本社会の殺伐さの原因でもあった。明治維新後になって、フランス思想が日本人の同胞観念を喚起し、日本人を封建時代の残酷で殺人を好む性質から脱却させたのであるが、それは江戸時代の漢学を基礎として成立したものでもあった。戴季陶によれば、日本人が中国哲学思想の中から得た最大の利益は同胞観念であった[29]。このように、国際社会で立脚するために必要とされる同胞観念の思想が外部からの輸入品であったということは、日本には本来近代社会で拠って立つべき思想がなかったことを意味する。そのため、日本人は屢々「日本的」なるものを強調する傾向にあるのだが、それは実体を伴ったものではなかった。そして、この「世界性」と対極にある「日本的」なるものへの迷信こそ、日本の文明の進歩を妨げるものであったのである。

封建時代の日本の主たる社会的成員は武士と農民と町人であった。このうち武士階級の生活の目的は「お家のため」にあった。この家系重視の発想は神権への迷信と関連するものであったが、生命を犠牲にしてまで家系のために尽くすことは最高の道徳と考えられていた。彼らのそうした精神を現わすのが武士道であるが、戴季陶はその精華として「仇討」と「切腹」を例に挙げる。これらは突き詰めれば殺人と自殺にほかならないのであるが、戴季陶は前者の中に野蛮性と同時に「生きるための闘い」の精神を見出し、維新後の日本人が民族生存のための競争の場において優越した位置を占め、国民が心理的に結合を果たしたことは、こうした精神によっていると指摘している[30]。また、戴季陶は仇討の際に屢々現われる「助太刀」にも、仇討以上の際立った道徳性を感じ取っている。

以上のような武士階級の性格を思想的に、そして学問的に奨励し完成させたのが江戸時代の古学派の哲学思想であった。ここから、日本の武力主義が神権思想への迷信を説く学派と大きな関係を有するものであったということになる。そして、日本の「『同胞観念』の欠乏、階級的服従性の強さ、対外的競争心の強さといった様々な性格は、みなこうした歴史的民族心理が遺伝して来たもの[31]」とされるのである。

戴季陶によれば、被支配階級のうち農民は自然の中で生きるため自ずと高尚な性格を有するのであるが、商人は支配階級に依存しながら生活するため、劣悪な性格を身に付けることとなった。戴季陶は商人を守銭奴として、その性格を惰弱、卑劣、虚偽の悪徳に満ちたものと見なしている。彼らの卑しい「町人根性」は、武士とは正反対に、信義を軽んじ、金銭を重んじるものであって、道徳的に何一つとして取るべきところはないものと見なされたのである[32]。

さて、日本の武士階級は幕末に尊王攘夷を掲げて排外運動を行なったのであるが、それが実現不可能であると見るや一気に西洋の文物の受容、開国進取へと方向を転換させることとなった。ところが、彼ら武士階級の頭の中は、戦国時代の豊臣秀吉らのような海外侵略を行なった人物を崇拝する考えで満ち溢れていた。その結果、明治以降の開国維新は大陸侵出と同義となって行く運命にあった。明治政府内における征韓論をめぐる対立が、実際はその時期をめぐる争いでしかなく、事の是非についての意見では一致していたことなどはそのことを示していた。ここからして、近代日本の大陸侵出の政策は、決して一部の政治指導者の考えに基づくのではなく、その精神が伝統に基づくものであったことが理解されると言うのである[33]。こうした説明は、当時の中国人に見られがちであった、日本のアジア侵略に対する情緒的批判を乗り越えた歴史的・文化的な説明として高く評価されるべきものである。

戴季陶は次に近代日本の特徴へと観察の目を向ける。近代日本の最大の特徴は商工業の発達である。明治時代以降、日本は「武力専横」の時代から「金力専横」の時代へと転換を遂げたが、そもそも商工業の発達は武士と町人の結託によって生じたものであった。そのため、幾つかの政財界癒着による汚職事件が発生したが、それらはうやむやのうちに処理され、その結果として、日本では軍国主義、資本主義、官僚政治の結合という状況が生まれたのである。[34] 他方、議会政治の開始によって「不遇な武士たち」を中心に政党が誕生したが、戴季陶によればこれらも定見のないブローカーの如き存在と化してしまった。それは、政府が政党を取り込み、商工業者が政党を買収し、政党が活動資金を必要とする構図から生まれた現象であった。ここに、政党は「成功した武士」（軍閥・官僚）と「成功した町人」（財界）の幇間となるに至ったのである。[35] そしてここから、日本には「民主的制度」は存在するが、それが実際には機能していないという認識が生じて来ることになるのである。

以上の文化的・歴史的背景を踏まえて、日本及び日中関係の将来はどのように変化するのかというのが次のテーマであり、「我が日本観」の佳境とも言うべき部分である。

先ず時代の趨勢であるが、戴季陶によれば、武士が全てを独占した時代は既に過ぎ去ったが、武士と町人の混合体時代もまた過ぎ去って行くであろうと考えられる。それでは、将来の日本は、如何なるものなのか。戴季陶は次のように述べている。「将来――それも近い将来――の日本は、

『労働者』『農民』の時代であって、『武士』や『町人』の時代ではない。『民主主義』の時代であって、『軍国主義』の時代ではない。『社会主義』の時代であって、『資本主義』の時代ではない。『人』の時代であって、『神』の時代ではない」[36]。こうした趨勢の中で、政党はもはや変革の役割を担うことはできず、ただ労働者・農民だけがそれを実現することができると言うのである。ここには、極めて明瞭に社会主義国・日本の出現への期待が現われていると同時に、それが当時の戴季陶のマルクス主義への傾斜の直接的な反映であることは容易に理解できる。

日本が労働者の国家となるには、彼らの階級としての形成と自覚が必要となる。戴季陶は、日本ではこれらが急速に進展していると指摘する。取り分け、ヨーロッパ大戦の勃発以後、日本の産業が飛躍的発展を見せる反面、労働者階級は物価騰貴などによって貧困化の一途を辿り、ついには階級的な自覚を高めることとなったのである。以上を内部的な要因とするなら、このほかに外部的な要因も存在する。それは言うまでもなく、ロシア革命やドイツの革命運動を契機とする各国での社会運動の発生であり、これらが日本の労働者階級の自覚に影響を与えることとなったのである。こうしたこともあって、この二、三年の日本の社会思想と社会運動の進歩は一瀉千里と言うべきものであったと評価される[37]。今や、自覚を持った日本の労働者階級は、資本家階級や政党の懐柔策・妥協策をはねのけて革命運動を続けるに違いないというのが、戴季陶の確信するところであったのである。

以上のような趨勢にある日本の状況を踏まえた場合、今後の日中両国の関係はどのようになるのであろうか。戴季陶は前述の「日本国民に告げる書簡」の中で、「政治組織を改革して、その伝統的政策を廃除すること」を求めたことは、「日本国民に対する非常に親切な忠告であった」と述べている。何故なら、本章でも簡単に紹介したように、近代日本の侵略政策は全て社会的伝統に基づいているからである。すなわち、侵略の「全ての責任は日本建国の主義の中にあり、日本の支配階級の思想の中にあり、日本の政治社会の組織の中にあるのである」[38]。それでは、日本にこのような伝統政策を放棄させることは果たして可能なことであろうか。戴季陶は、現在のような政治組織、すなわち武士と町人が作り上げた軍閥・官僚・党閥が権力を握っている時代においては、それは全く不可能であると言う。彼らはお互いの間に無数の「行きがかり」の関係を持っているからである。そうであるとすれば、日本に伝統的政策を放棄させるには、先ず日本の政治組織の改革が必要となる。それは、新たに台頭して来た労働者階級を主体とする「革命」によってのみ可能となるものであった。

それでは、日本の侵略政策の責任は誰が負うべきなのか。中国人は事あるごとに全ての日本人を責め立てるが、そのような姿勢は誤りであると戴季陶は言う。実際の日本の政治を動かしているのは、全人口の四パーセントにも満たない有権者であって、彼らこそが日本の政界の責任を負うべき者であり、残りの政治的権利を全く持たない圧倒的多数の人々は、何ら対中国政策の責任を負う必要はないからである。「これまで二本差しを腰に帯びたこともなく、そして御用商人にもなったこともない彼ら大多数の日本人は、結局のところやはり中国の良き友人なのである」というのが彼の立場であった[39]。ここに、戴季陶においては民族的な立場は大きく後退し、階級的連帯の立場が前面に押し出されることとなったのである。

「我が日本観」に現われた戴季陶の立場を一言で表現すれば、それは「分析と変革の総合」とでも称すべきものであった。分析の側面について言うなら、それが日本の侵略的本質を歴史的・文化的文脈から立証して見せたことは、この時期の熱狂的な反日の風潮の中では際立った水準の高さを示すものであった。他方、変革の面では、当時受容の過程にあったマルクス主義によって、日本の伝統的政策を支える政治構造の変革を求めるものであった。この両者を総合する姿勢こそ、戴季陶の五四状況への対応の特徴を示すものであったと言うことができるのである。

さて、以上の「我が日本観」に現われた立場――特に日本変革の側面――は、この後もしばらく続くことになる。戴季陶によれば、日本の変革は東アジアの恒久平和を生み出すための第一歩であった。その時に実現されるのは以下の五つの事柄である。すなわち、①日本共和国の建設、②日本領土の一八七八年以前の状態への縮小（――翌七九年には日本政府による琉球処分が行なわれている）、③朝鮮、台湾の住民による自分たちの将来の決定、④日本帝国時代の特権、秘密条約の廃除、⑤東亜平和協会の組織である[40]。

それでは、日本で革命が発生する可能性はあるのか。戴季陶は一九二〇年二月に日本で普通選挙権を要求する大示威運動が起こると、これを「社会的意義を持った大動乱」と評価したうえで、これが日本において社会主義の潮流が有力になっている証であるとし、いずれは革命が実現するであろうと述べている。[41]今日からすれば、こうした見方が極めて楽観的な観測であったことは言を俟たない。しかし、当時のマルクス主義者・戴季陶にとって、それは分析の結果と言うよりはむしろ願望にも近いものであったと言った方が適切であるかも知れない。

こうした願望は、実際の日本の国際舞台上での政治行動に対する失望感と対になっていた。第一次大戦時における日本の行動に対する見解にも、そうした感情は現われている。この大戦に際して、日本はヨーロッパ列強によって抑圧を受けているアジア民族のために闘うべきであった。しかし、日本は自国の利益のためだけに参戦し、そしてその挙動はまさに「火事場泥棒」の如きものであった。戴季陶によれば、日本は今や「アジアの民族自決を阻む悪魔であり、同文同種を侵略する残忍な存在であり、ヨーロッパの世界征服主義者の共犯者である」と評された。[42]そして彼は、日本が将来の世界戦争の主人公となることを想定し、中国問題がその導火線となるであろうと予想したのである。[43]後の歴史の展開を念頭に置く時、ここには戴季陶の透徹した分析と予測が示されていたと言うことができるであろう。

これまで見て来たように、戴季陶は日本革命の発生こそが将来における対中国政策の変化の起点となるものであると主張して来た。それでは中国の方は如何にあるべきなのか。もちろん、当時の戴季陶にとって、中国が現在のままで良いはずはなかった。双方で革命が発生して初めて、日中両国は良好な関係に入ることができるのである。彼は次のように述べる。「両国人民の親善と結合とは、両国の平等、自由、互助を旗印とする社会革命の成功の後に初めて実現することができるのである。何故なら、両国の国際的強権主義、すなわち資本主義が発生させた帝国主義及び経済帝国主義は、革命を除いては消滅させることができないからである」[44]。

この時期の戴季陶には、帝国主義列強を全体として批判する姿勢が鮮明である。そこには孫文に顕著であったような、列強の間の矛盾を利用して中国革命を達成しようとするような発想は窺えない[45]。そこにあるのは、帝国主義と反帝国主義の対立図式であった。しかしこのことは、翻って見るに、当時の戴季陶が中国革命の実現を国際関係の中で捉えるという観点がまだ確立していなかったことを示していると言えるかも知れない。だが、予め述べておくなら、そうした姿勢はこの後の新たな政治環境出現の中で変化を来す可能性を持つものであった。

ともあれ、我々は、以上の見解に「親日」「反日」を越えたマルクス主義的国際的連帯の姿勢を見出すことができる。ただ、前章で見たように、中国の労働運動の後進性を認識する戴季陶にとって、中国革命の即時的実現は期待し得るはずはなかった。また、そこには彼自身が運動に関わって行こうとする意識も見られなかった。彼の考えの中では、侵略する側の日本の変革こそが早急に実現されなければならず、またその可能性も高いと考えられていたものと推測される。そうであるとすれば、日中両国の新たな関係＝革命的連帯の可能性は、極めて片務的な性質を持つものであったと考えられる。

以上のことから、五四時期の戴季陶の政治的立場は、明らかにその前後とは区別される特殊な段階であったと言うことができる。この段階で表明された対日観も、やはり際立った特徴を持つものであった。本章ではその特徴を「分析」と「変革」という二つの言葉で表わしたが、前者について言えば、それは初期の直覚的・情緒的なそれとは異なり、歴史的・文化的背景から日本の現状を説明しようとする試みであり、彼の後の対日観の基礎として受け継がれるものであった。他方、後者は明らかに当時受容していたマルクス主義を直接的に反映するものであった。そして、その際には階級的意識が前面に押し出され、民族的立場は後退するに至った。それは、「反日」と「親日」という枠では括ることのできない対日観であった。しかし、戴季陶は日中両国の変革を志向していたにも拘らず、そこには日本帝国主義と直接的に対決しようとする姿勢は存在しなかった。それは、彼の社会主義認識における運動論の欠如と関連するものであったと考えられるのである。

五四時期におけるマルクス主義への傾斜、そして中国社会主義青年団の一員となったにも拘らず、戴季陶は結果として中国共産党の結成に加わることはなかった。ヴォイチンスキーによる中共建党の建議の頃から、彼の態度には変化が生じたと言われている。そしてこの後、戴季陶が徹底した反共主義者となって行くことは良く知られているところである。本章との関わりでその要因の一端に触れておくならば、それはこの時期の階級調和論の後退——但しそれは完全なる消滅を意味するものではなかった——にも拘らず、階級闘争を運動との関連で捉える視座を持ち得なかったことに関連すると考えられる。

【注】

（1）例えば、賀淵は戴季陶の対日観の時期区分を行ない、その第三段階を一九一七年から二八年までとしている（「戴季陶的日本観（一九一〇～一九三一）」、『近代日中関係史研究の課題と方法――梅屋庄吉とその時代――報告集』、梅屋庄吉関係資料研究会、一九九九年、三九頁）。

（2）湯本国穂「五四運動状況における戴季陶――『時代』の方向と中国の進む道――」、『千葉大学教養部研究報告』B―一九、一九八六年一一月、七〇頁。

（3）戴季陶「近世之国民活動」（一九一〇年八月二一日）、桑兵・黄毅・唐文権編『戴季陶辛亥文集』、中文大学出版社、香港、一九九一年、一〇四頁。

（4）戴季陶「中国之資本問題与労動問題」（一九一〇年一〇月一九～二二日）、同前、一八五頁。

（5）例えば、戴季陶はある論説でアナキズムに言及して、それが理想的な思想であることは認めるものの、国力競争の時代である現代においては適用不可能であるとする立場を示していた（戴季陶「無政府主義之神髄」、一九一一年二月二一～二三日、『戴季陶辛亥文集』、五一八頁）。

（6）戴季陶「救苦人――希望平民共済組合」（一九一二年一二月一四日）、同前、一三三〇頁。

（7）戴季陶「中国人的組織能力」（一九一九年六月八日）、唐文権・桑兵編『戴季陶集』、華中師範大学出版社、武漢、一九九〇年、八八〇頁。

（8）戴季陶「工人教育問題」（一九一九年六月二二日）、同前、八八六～八八八頁。

（9）戴季陶「訪孫先生的談話――社会教育応該怎麼様做」（一九一九年六月二二日）、同前、八九一頁。

（10）戴季陶「対付布爾色維克的方法」（一九一九年六月二二日）、同前、八九六頁。

（11）戴季陶「馬克斯資本論解説」、『建設』第一巻第四～六号（一九一九年一一月～二〇年一月）、第二巻第二、三、五号（一九二〇年三、四、六月）、第三巻第一号（一九二〇年一二月）。なお、この記事は日本語（高畠素之訳）からの重訳である。

(12)戴季陶「従経済上観察中国的乱源」(一九一九年九月一日)、『戴季陶集』、九七九頁。
(13)同前、九九〇頁。
(14)戴季陶「世界的時代精神与民族的適応」(一九一九年九月二八日)、同前、一〇二三頁。
(15)戴季陶「新年告商界諸君」(一九二〇年一月一日)、同前、一〇九六頁。
(16)戴季陶「致陳競存論革命的信」(一九二〇年一月一三日)、同前、一一〇六～一一〇七頁。
(17)戴季陶「俄国之近況与聯合国的対俄政策」(一九一九年一一月三〇日)、同前、一〇六八～一〇六九頁。
(18)同前、一〇七〇頁。
(19)戴季陶「俄国労農政府通告的真義」(一九二〇年四月一一日)、同前、一一九〇頁。
(20)戴季陶「国家主義之破産与社会的革命」(一九二〇年四月二五日)、同前、一二〇四頁。
(21)戴季陶「関於労動問題雑感」(一九二〇年五月一日)、同前、一二三三、一二三九～一二四〇頁。
(22)戴季陶「上海的同盟罷工」(一九二〇年五月一日)、同前、一二一八頁。
(23)「張継何天炯戴伝賢告日本国民書」(一九一九年五月八日)、邦訳、小島晋治ほか『中国人の日本人観一〇〇年史』、自由国民社、一九七四年、一三三～一三四頁。
(24)戴季陶「写血書的心理」(一九一九年六月八日)、『戴季陶集』、八七八頁。なお、五月三日に北京で開かれた学生大会で、一人の学生が指を噛み切り、布に「還我青島」と血書したことが、会場を興奮に導いたことは良く知られている。
(25)戴季陶「国民自給与国民自決」(一九一九年六月八日)、同前、八七五頁。
(26)戴季陶「我的日本観」(一九一九年八月一日)、同前、九二四頁。
(27)同前。
(28)兪慰剛「『戴季陶『我が日本観』から『日本論』へ」、『環日本海研究年報』第八号、一九九六年三月、七二頁。
(29)「我的日本観」、九二九頁。

（30）同前、九三一頁。
（31）同前、九三二頁。
（32）同前、九三三頁。
（33）同前、九三六頁。
（34）同前、九四〇頁。
（35）同前、九四三頁。
（36）同前、九四四頁。
（37）同前、九四五頁。
（38）同前、九四六頁。
（39）同前、九四九頁。
（40）戴季陶「東亜永久平和策」（一九一九年一二月七日）、『戴季陶集』、一〇七四頁。
（41）戴季陶「日本会発生革命嗎」（一九二〇年三月一九日）、同前、一一八〇頁。
（42）戴季陶「世界戦争与中国――為太平洋社訳『世界戦争与中国』的序」（一九二〇年一月一五日）、同前、一一一〇頁。
（43）同前、一一一一頁。
（44）戴季陶「資本主義下面的中日関係」（一九二〇年七月一七日）、同前、一二八一頁。
（45）例えば、孫文は一九一九年六月以降というもの、日本に対する姿勢を改め、批判的立場に転じていたのであるが、翌年のアメリカ議員団の訪中に際しては、彼らの力を借りて日本に二十一ヵ条条約の廃棄を実現させせようとしていた。

第三章　第一次国共合作時期の戴季陶

本章は、第一次国共合作時期における戴季陶の思想的変化と対外観を概観し、後の新たな対日観の基礎となったものを確認することを目的とするものである。

前章で述べたように、戴季陶はマルクス主義に接近したにも拘らず、一九二一年七月の中国共産党の正式成立に加わることはなかった。結果的に見れば、彼は孫文の側近であることを選択したのである。彼のマルクス主義からの離反は、それまでのソ連に対する好意的な姿勢にも変化を生じさせることになる。そのことは、この後の孫文と戴季陶の間の微妙な関係を作り上げたものと推測させる。

戴季陶の思想と対外観について言うなら、そこには内外の状況の推移に対応して変容する部分と、不変である部分とが折り重なって存在していたであろうことは、容易に推測されるところである。そしてまた、孫文から継承したように見えながらも、実際には独自的解釈がなされた部分もあるであろう。そうしたことを念頭に置きつつ、本章では孫文の死を挟んで一九二七年の蔣介石の台頭に至るまでの戴季陶の言説と行動から、日本と列強についての認識及び姿勢を検討して行くことにする。

第一節　第一次国共合作に至るまで

先ず、一九二〇年代前半の政治状況の中での戴季陶の動向について簡単に述べておくことが必要であろう。

孫文は一九二〇年以降、ヴォイチンスキー、マーリンらコミンテルン代表と会見し、二三年一月には「孫・ヨッフェ共同宣言」を発して、ソ連との提携と国民党改組の道を歩み始めた。こうした動きに対して、戴季陶の対応は極めて鈍いものであった。否、彼はそうならざるを得ない境遇にあったと言った方が良いであろう。と言うのは、戴季陶は一九二二年一〇月、孫文から四川での紛争解決の命を受けて長江を遡ったのであるが、漢口に到着したところで、その混乱の度合が彼の能力の遥かに及ばないものであることを知り、精神を病んで入水自殺を試みたのである。幸運にも彼は救出されたが、この時から人生観に大きな変化を生じ、仏教を篤く信仰することになる。(1)

戴季陶は四川におよそ一年間滞在し、一九二三年一二月に上海に戻った。後に戴季陶が記しているところでは、彼は四川から上海に戻って初めて国民党改組の件を知ったと言うことである。(2)彼はこの後、孫文から臨時中央執行委員に任じられるが、改組の動機が主体的なものではなく、外部からの力によって強いられたものだとの不満を表明して、委員への就任を固辞して上海に留まった。元来、戴季陶は党の純化という意味での改組は必要だと考えていたのであるが、この度の容共的改組は彼の求めるものとはかなり懸け離れたものとして受けとめられたのである。

そこで、広州から孫文の命を受けた廖仲愷が戴季陶の説得にやって来たのであるが、彼は逆に廖に向かって次の三項目の要求を提出した。それは、①決してソ連からの借款を以て党の費用としてはならないこと、②共産党員の国民党加入後は単一の党籍とすべきであって、将来の紛糾の種となる二重党籍を認めてはならないこと、③戴本人を中央執行委員に就任させず、出版関係の任務に就かせてほしいこと、であった。[3]これらのうちで、戴季陶が最も強調したのは①であって、それは金額の多寡を問わず、資金援助を受けることは必然的に政治的介入を引き起こすと考えられたためであった。これからの国民革命では、国民党が絶対的指導勢力となるべきであって、外部勢力のコントロールを排除するというのが、戴季陶のソ連＝コミンテルンに対する基本的姿勢であったのである。

中央執行委員への就任を頑に拒んでいた戴季陶も、結局は孫文から南下を呼び掛ける電報を受けて、一九二四年一月に広州に移り国民党一全大会に出席した。このことは、孫文の権威の前には、戴季陶の自己主張にも限界があったことを意味している。この時、戴季陶は国民党内の二重党籍問題に危惧を抱いたようであるが、最も進歩的な方法で党を戦闘的団体に作り上げた改組自体には極めて好意的な印象を抱いていた。[4]そして、個々の共産党員に対しては、「今日、最も良く奮闘している青年の大多数は共産党であって、国民党の旧同志の腐敗と頽廃は隠しようもない」[5]と述べているように、至って好意的なものであった。こうしたことから見れば、戴季陶の反共的立場は、国民党の組織的純化と排他的指導性の維持を支柱とするものであったとは言え、決して教条的なものではなかったと判断することができるであろう。

当時の国民党には、国共合作の結成をめぐって三つのグループが形成されていた。すなわち、①謝持、馮自由らの反ソ反共派、②張継、鄒魯らの連ソ反共派、③廖仲愷、汪精衛らの連ソ容共派である。戴季陶は、中間派である第二のグループの中心的人物と目されている。[6]しかし、宣伝部長の職に任じられた戴季陶は、孫文の命に忠実であらねばならず、当時は党の容共政策を容認する発言をしていた。そのため、彼は張継によって「共産党の走狗」、「保皇党から共産党へと至った転変類なき小人」と罵倒、殴打される事件が発生した。[7]その結果、彼は六月二〇日に職を辞し、広州を離れて上海へと移ることとなったのである。

さて、国共合作成立後の戴季陶の国際政治観を示すものに、上海大学での講演をまとめた「東方問題と世界問題」がある。この講演は一九世紀後半からの帝国主義列強の動向について論じたものであるが、それは、中国がこれまで半植民地の状態を保ち得たのは列強の東方政策の衝突の産物であるため、この間の事情の理解が必要であるとする認識に基づいたものであった。[8]戴季陶はここで、イギリスの外交政策が海洋主義、孤立主義、平和主義の三つを柱とするものであったこと、そしてロシアの政策は汎スラブ主義と不凍港獲得の二つであったことを指摘している。また、日露戦争後の日本のアジアにおける盟主としての地位は、イギリスの保護下で与えられたものであって、「栄光ある大日本帝国主義は大英帝国主義の出張所」に過ぎないと評されていた。(9)然るに、日露戦争以後、ドイツの海軍力が飛躍的に増大すると、英露両国が接近することとなり、一九〇七年の英露協定の締結となり、ここにイギリスを中心とする大惑星系が出来上がったのである。(10)

以上のような国際政治史についての戴季陶の説明には、さほど目新しさがある訳ではない。問題はその後の国際秩序変容の可能性についてである。彼は第一次大戦の結果生じたものとして、ロシア革命とトルコ革命を挙げる。すなわち、前者は東方の各国の政治に大きな影響を与え、被抑圧民族を連合して帝国主義に反抗させる可能性を持ち、また後者は多くのイスラム教の信者を抱えるアジア・アフリカ諸国での変革運動に影響を与える可能性があることが指摘されたのである。(11)しかしこの段階では、戴季陶はまだ被抑圧民族の連帯を直接に訴えている訳ではなく、未だ解説或いは漠然たる予感の如き段階に留まっていたと言わなければならない。それが、より具体的或いは直接的な言及として現われるのは、これからおよそ八ヵ月後のことである。

第二節　孫文「大アジア主義講演」時期の言説

一九二四年一〇月、馮玉祥が北京でクーデターを発動し、それまで政権を握っていた直隷派が敗北すると、孫文は一一月一〇日、一切の不平等条約の撤廃と民治の実現の追求を骨子とする「北上宣言」を発表し、同月一三日に北上の途に就いた。そして二八日、その途中に立ち寄った神戸で、戴季陶を通訳として行なわれたのが「大アジア主義講演」である。この講演は、当時とそれ以後の戴季陶の言説を見るうえで重要であると思われるので、先ずはその内容を概観しておくことにしよう。

この時の講演は、①王道と覇道の対比、②大アジア主義は王道を基礎とすべきこと、③日本は王道を歩むべきである、という三点を骨子とするものであった[12]。それでは、覇道の権化たる帝国主義列強に対抗するには如何なる方策があるのか。それは被抑圧民族・国家の連帯による以外にはない。とすれば、中国は一体誰と提携すべきかが問題となって来る。孫文はこの講演の中で、「ロシアは仁義、道徳をとなえ、功利と強権をとなえようとはしていません。ロシアは公正な道をあくまで主張し、少数が多数を圧迫することに賛成しないのであります[13]」と語り、ソ連を提携対象の一つに想定していた。また、孫文は当時インドも提携の対象に考えていた[14]。そこで、孫文が日本をどのように見ていたのかが問題となる。

「大アジア主義講演」の段階で、孫文が日本をどのように見ていたかは、意見の分かれるところとなっている[15]。公式に発表された「大アジア主義」の文章から判断する限り、それは強い日本批判と受けとめることもできる。しかし、帰国後のインタビューにおいて、「日本はこの際速やかに亜細亜に帰らねばならぬ。而して第一着手に先ず露国を承認すべきだと思ふ[16]」と述べている。

1924年訪日時の孫文（中央）と戴季陶（その左）

「大アジア主義講演」における
孫文（左）と戴季陶（右）

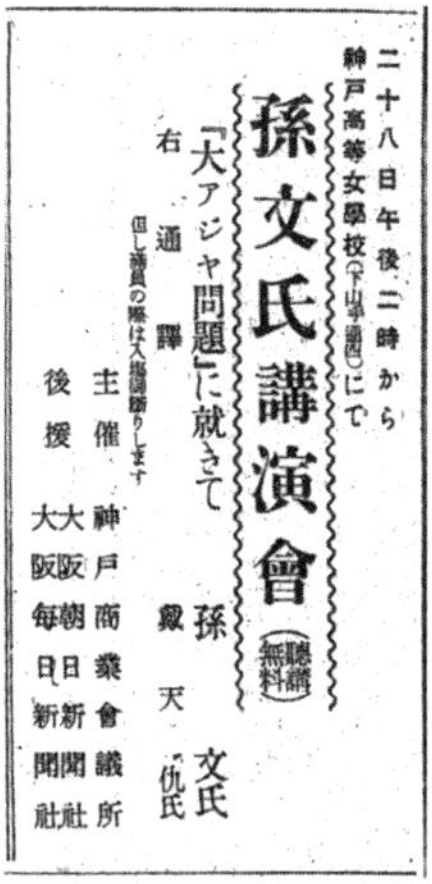

二十八日午後二時から
神戸高等女學校（下山手通四）にて
孫文氏講演會（聽講無料）
『大アジヤ問題』に就きて　孫　文氏
右通譯　戴天仇氏
但し滿員の際は入場御斷りします
主催　神戸商業會議所
後援　大阪朝日新聞社　大阪毎日新聞社

『大阪毎日新聞』（1924
年11月27日）に掲載さ
れた孫文講演の広告

ここから判断すれば、この時点での孫文は、国民レベルに留まらず、日本政府がソ連承認を通してアジアに回帰することの期待——その可能性は極めて小さなものではあったが——を抱いていたと考えられるであろう。

この「大アジア主義講演」を前後として、戴季陶の孫文思想解釈は独特なものとなって行く。そのことは、日本の新聞に掲載された二つの記事から窺うことができる。一つは「孫文氏と其事業」と題するもので、ここでは孫文の三民主義が中国だけでなく、アジアの諸民族の独立を図ろうとするものであること、そして「一民族を以て他の民族と結合する」という国際的連帯を志向する側面を持つものであることが述べられていた。[17] また、この記事においては、孫文の民生主義が中国の伝統思想と接点を有するものであることが指摘されているが、この点は今一つの記事である「支那を救ふは国家主義」の中でより鮮明に述べられている。これは孫文を国家主義者＝孔子の再来と見なし、漢代以降の道家思想が蔓延する中で国家意識の高揚が求められている現在、孫文思想を宣揚することは儒教の復権を意味する旨を論じていたのである。[18]

戴季陶によれば、孔子の思想は格物致知、正心、誠意、修身、斉家、治国、平天下に尽きるものであるが、これらを更に解剖すれば、誠意、正心を中心としてその左に格物致知があり、右に修身、斉家、治国、平天下がある。このうち、誠意、正心がなければ全ての行が生じて来ない。しかし、知らなければ行の生じる根拠はない。それ故、結局のところ孔子の教えでは、格物致知が中心となる。ところが、宋学においては正心、誠意を重く見るが、格物致知を忘れ、しかもそ

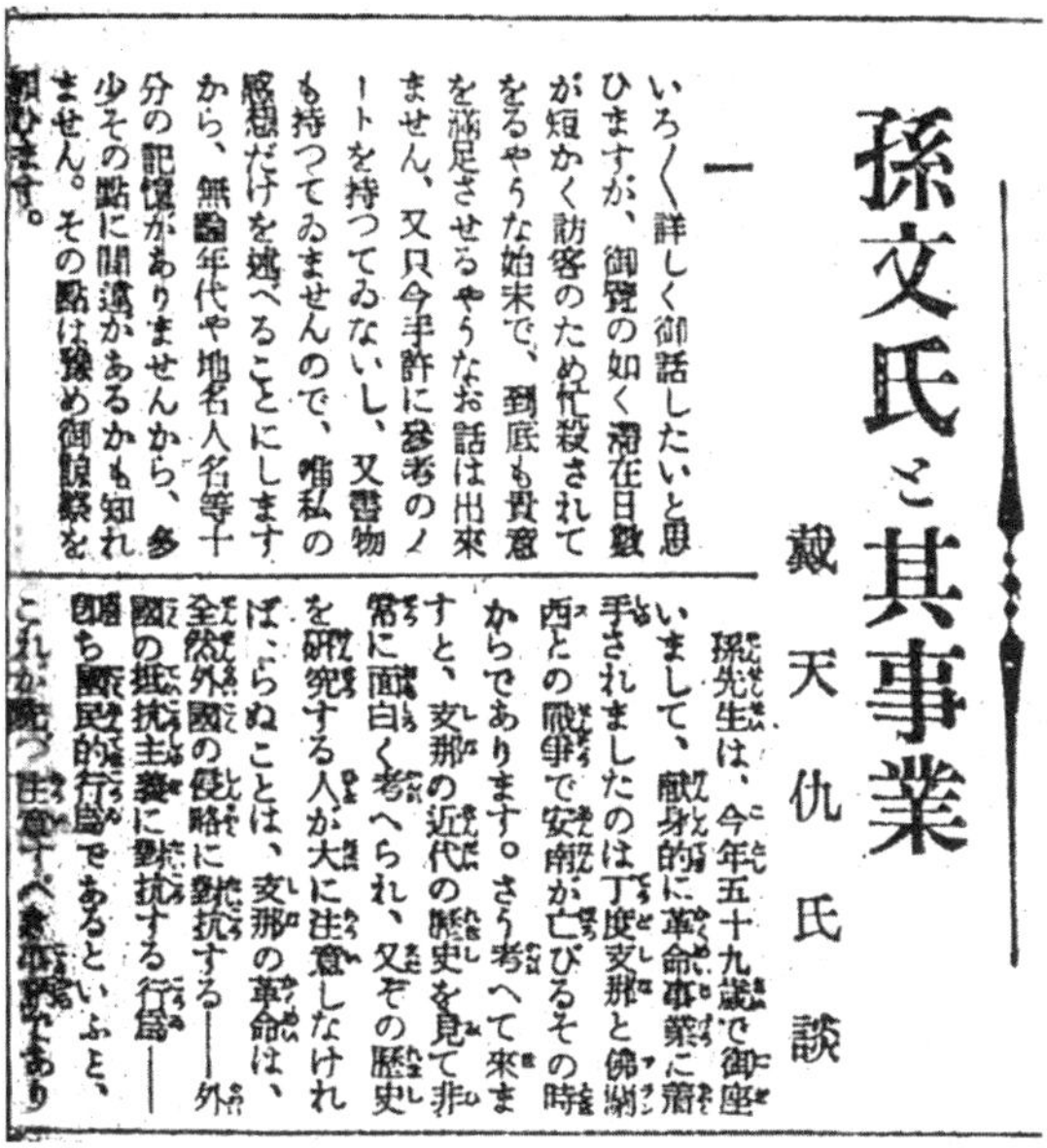

孫文氏と其事業

戴天仇氏談

一

いろ〳〵詳しく御話したいと思ひますが、御覧の如く滞在日数が短かく訪客のため忙殺されてをるやうな始末で、到底も貴意を満足させるやうなお話は出来ません、又只今手許に参考のノートを持つてゐないし、又書物も持つてゐませんので、唯私の感想だけを述べることにしますから、無論年代や地名人名等十分の記憶がありませんから、多少その點に間違があるかも知れません。その點は豫め御諒察を願ひます。

孫先生は、今年五十九歳で御座いまして、献身的に革命事業に着手されましたのは丁度支那と佛蘭西との戦争で安南が亡びるその時からであります。さう考へて来ますと、支那の近代の歴史を見て非常に面白く考へられ、又その歴史を研究する人が大に注意しなければならぬことは、支那の革命は、全然外國の侵略に對抗する――外國の抵抗主義に對抗する行爲――即ち國民的行爲であるといふと、これが[illegible]注意すべき事實であり

「孫文氏と其事業」（『大阪毎日新聞』1924年11月27日）

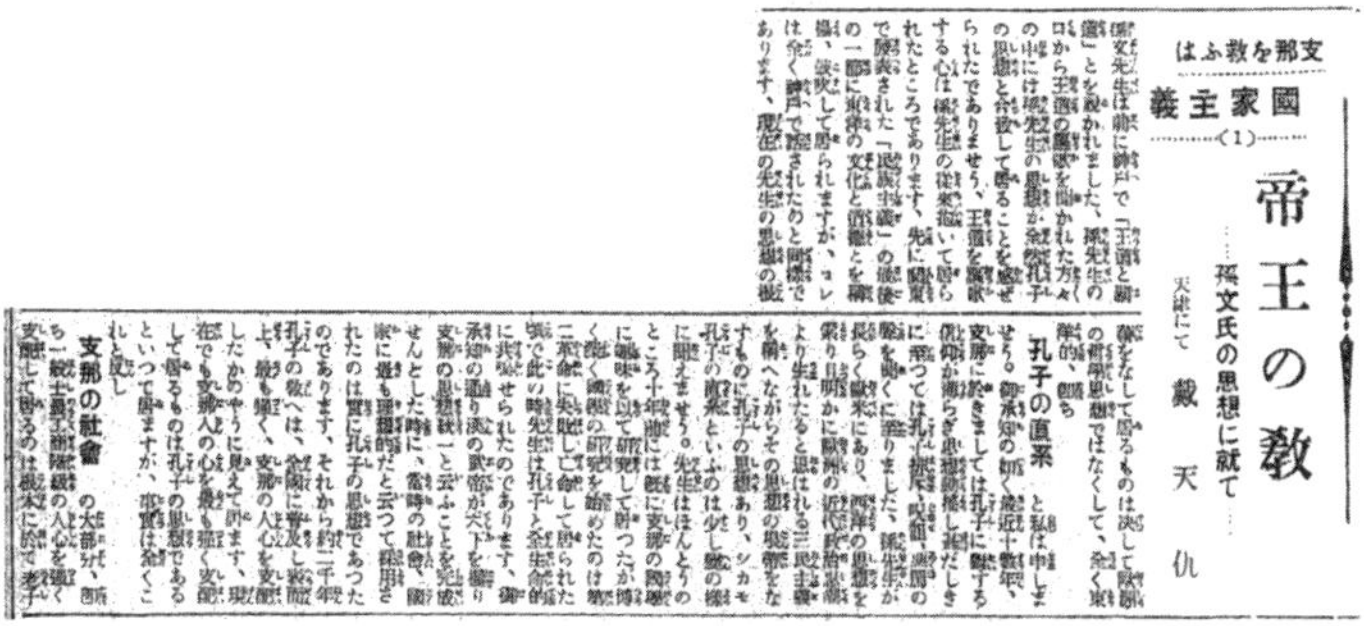

支那を救ふは

國家主義

（1）

帝王の教

……孫文氏の思想に就て……

天津にて　戴天仇

孔子の直系

支那の社會

「支那を救ふは国家主義」（『大阪毎日新聞』1924年12月28日）

の解釈が難解なものとなった。これに対して、孫文の考えでは、何よりも先ず知が重要であるとされる。何を知るのかと言えば、それは修身、斉家、治国、平天下である。これを知ることができれば、正心、誠意は可能となる。すなわち、格物致知は知であり、修身、斉家、治国、平天下は行である。孫文がかくも知の必要性を説くのは、現在における知識排斥の風潮、道家思想の影響を打破する必要性があると考えたためであった[19]。これが、戴季陶による孫文の知行説への伝統主義的解釈の始まりであった。こうした傾向は、反共主義のイデオロギー化の開始と言うべきものであり、孫文死後に至って更に明確になるものである。

さて、一九二四年から翌年にかけての戴季陶の著作のうち、孫文の「大アジア主義講演」と密接な関係を有すると見られるのが雑誌『改造』に掲載された「日本の東洋政策に就いて」と題する記事である。戴季陶はここで、アジア（黄色人種）対英米帝国主義（白色人種）という図式から国際政治を見ているのであるが、近年に至って日本国民以外には列強の跋扈に対する反感が窺えなくなったと指摘する。戴季陶はこれを「東洋諸国民の自滅的心理」と称するのであるが、こうした傾向は全て日露戦争以降の日本の対アジア政策に起因するものであるとされる。すなわち、当時は日清戦争での敗北から日が浅かったにも拘らず、中国の民衆は日本に対して全く敵愾心を抱いておらず、むしろ好意的ですらあった。それは、列強のアジア侵略に対抗するために、日本の維新を頼りとしようとしたものであった。それ故、中国は日本の勝利を祈り、戦勝後は満州におけるロシア利権の継承を認めこそすれ、それを怨みに思うことはなかったと言うのである[20]。

簡単に言ってしまえば、日本にはアジアのリーダーとして各民族の独立運動を援助することが期待されていたのである。然るに、日韓併合以後の対アジア政策全般の誤りによって、「東方諸国民は既に日本に愛想が尽きて居る」[21]状態に至った。だが、日本には将来の希望が全くない訳ではない。それを説明するに当たって、戴季陶は、『孟子』梁恵王章句上に見える「惟、仁者のみ能く大を以て小に事《つか》うるを為す。惟、智者のみ能く小を以て大に事うるを為す。大を以て小に事うる者は、天を楽しむ者なり。小を以て大に事うる者は、天を畏《おそ》るる者なり。天を楽しむ者は天下を保んじ、天を畏るる者は其の国を保んず」という一節を引き合いに出す。

これは、孟子が斉の宣王との問答での言葉で、隣国同士の交わりの方法について述べたものであり、意味するところは以下のようなものである。すなわち、仮に大国であっても隣の小国を侮らずに礼を厚くして交際することが肝心であり、それは仁者のみ行ない得るものである。他方、小国であるなら如何に圧迫されてもよく堪えて大国に仕えて安全を図ることが必要であり、それは智者だけが行ない得るものである。

戴季陶は、以上の言葉を以て国際政治の本質と見なしている。すなわち、日本が今日の大国の地位に至ったのは、日英同盟の力に負うところが多く、これは「小を以て大に事う」を実践したことによるものであった。しかし、その後の日本は「大を以て小に事う」ことをせず、ひたすら近隣の小国を蹂躙し続けたため孤立しているとし、今後の日本は「仁者」の政策に転換すべきだと言うのである。

そして戴季陶は、具体的には以下の三つの事柄を提起している。第一に、対中国政策に関しては国民の独立運動を援助し、治外法権撤廃と関税の独立を列国に勧告すると同時に、列国に率先してその範を示し、二十一ヵ条条約の放棄を宣言する。第二に、日本国内の問題に関しては今までの植民地統治方針を放棄して、朝鮮、台湾の民族的自由を尊重し、人民議会招集と自治政府設立を許し、各民族の自由な連合によって統一的国家の基礎を固める。そして第三に、ソ連と速やかに国交を回復し、ドイツに対しては経済活動の自由を与え、国家の復興の機会を与える。これによって、日本・ドイツ・ソ連の親善の気運を促進し、日本の国際的孤立状態を除去する。このようにすることによって、「東方諸国民の大同団結は日本を中心として出来上る」とされるのである。[22]

ここで提起された三項目について言うなら、それは孫文が過去二、三年に鶴見祐輔や犬養毅に繰返し説いて来た主張の展開であるとも、[23]また孫文の講演と表裏一体をなすものとも指摘されているように、[24]孫文の主張の延長線上にあることは明らかであった。また、ここで戴季陶は日本、ドイツ、ソ連との提携を主張するのであるが、それは「過去の日本は、海洋国と同盟して大陸に於ける優越なる地位を獲得したと反対に、将来の日本は大陸国と同盟して始めて海洋に於ける安全と発展とが得られる」[25]と考えられたためである。これがいわゆる「大陸同盟」説なるものである。

ここで言う「海洋国」とはイギリスを指しているのであるが、曾ての日英同盟によって日本は東亜の盟主の座に就いたものの、それが所詮はイギリスの「出張所」でしかなかったことは、前年に戴季陶が指摘した通りのことであった。そして、今ここで「大陸同盟」の一員となることを勧めることは、日本に反イギリス帝国主義陣営に加わるよう求めることにほかならなかった。そうだとすれば、戴季陶の主張が決して日本帝国主義との安易な妥協を前提としていた訳ではないとする見方は基本的に正しいとしても、[26]やはりイギリス主敵論の文脈の中で理解されるのが妥当であると考えられる。

以上のように見て来れば、「大アジア主義講演」前後の戴季陶は、孫文思想を儒家思想との関連で捉えようとする独創的解釈の端緒を見せつつも、日本を含む国際政治情勢に対する見方は概ね孫文の主張に沿ったものであったと判断されるであろう。そうした傾向は、戴季陶が孫文の秘書であるが故に生じたものであったのだろうか。そのことを知るためには、孫文死後の状況における戴季陶の言説との連続性・断絶性が問題とされなければならないであろう。

第三節　「戴季陶主義」形成の中での反帝国主義

一九二五年三月一二日、北京滞在中の孫文が病気のため死去した。その三日後、戴季陶は「孝」と題する文章を発表し、そこで彼は「先生が逝去された今日、先生の主義を受け入れる我々は、誠意を以て先生に対して孝を尽くさなければならない」[27]と述べていた。ある論者が述べているように、それは彼が孫文に抱いていた哀惜の情を感じさせるものであった。[28]この後、戴季陶は国民党内における孫文の思想の絶対化に取り掛かることになる。それは、党内で生じつつある矛盾ないし葛藤を、孫文個人の統合力に代わり得る根拠を確保することによって調停できると考えたためであったと言われている[29]。そしてそこでは、「我々の今日唯一の責任は、総理の遺嘱を完全に接受すること」であり、「我が党は全体が一致して総理の遺教をその通りに実行し、新たに改作することは許されない[30]」とされたのである。

そもそも、国共合作成立当初から、戴季陶は党内にあっては一つの主義に忠誠を尽くすべきであるという考えを持っていた（そして、その先には国民の精神的統一が視野に入っていたと言えるだろう）。それが、今や更に強調された形をとって現われるところとなったのである。この後、戴季陶は『孫文主義の哲学的基礎』（一九二五年六月）と『国民革命と中国国民党』（同年七月）を発表した。前者は三民主義に伝統主義的解釈を加え、また後者は中共の国民党内での寄生政策を批判しており、いずれも反共主義的傾向を前面に押し出したものであった。そのため、共産党及びコミンテルンからは強い反発が示され、これ以後その思想は「戴季陶主義」の名を以て批判されることになる[31]。だが、戴季陶が決して盲目的な反共主義者でなかったことは認めておく必要がある。そのことは、彼がこの時に至っても、中共党員が民衆の幸福のために奮闘していることを認めており[32]、そして「中国経済の条件と文化的条件が備われば、彼らの計画が実現する可能性はあり、我々としても反対しないばかりか、自らの主張とするだろう[33]」とさえ述べていることからも理解されるのである。

さて、戴季陶主義の根幹をなすと見なされるのは『孫文主義の哲学的基礎』である。以下、その内容と特徴について簡単に見ておくことにしよう。

戴季陶は該書において、孫文思想を完全に儒家思想の延長で捉えようとする。例えば彼は、孫文の著作である「軍人の精神教育」（一九二一年）を取り上げて、そこから孫文の思想全体を以下のように要約できると言う。

天下の達道は三、民族なり、民権なり、民生なり。之を行なう所以の者は三、智なり、勇なり、仁なり。智勇仁の三は天下の達徳なり。之を行なう所以の者は一なり。一とは何ぞ、誠なり。誠なるものは善を択って固執するものなり。(34)

そして戴季陶は、「三達徳」（智仁勇）を「能作」、「三達道」（民族、民権、民生）を「所作」とし、「誠」を民族精神の原動力とした。この「能作」は孫文の道徳に関する主張であって、古代中国の正統倫理思想を継承したものである。そして、孫文の特徴は、「何時如何なる場合にあっても、力を尽くして中国固有の道徳的文化的意義を鼓吹し、中国固有の道徳的文化的価値を賛美したこと(35)」であるとされる。このような伝統的価値の存在こそが、民族の自信を生み出し、現実の革命としての所作の前提となるものであった。

確かに、孫文は「軍人の精神教育」において智仁勇の概念を持ち出しているが、それはあくまでも軍人の責任意識の高揚を企図してのものであって、決してそれ以上のものではなかったと考えられる。然るに、戴季陶はこれを『中庸』の「五達道」「三達徳」に準えて解釈するのである。「達道」とは、時間・空間を問わず全ての人間である限り通るべき道であり、他方「達徳」とは誰でもが平等に身に獲得しているべき理である。[36]『中庸』においては、君臣、父子、夫婦、昆弟、朋友の交わりが「五達道」とされていたのであるが、戴季陶にあっては三民主義がそのまま「三達道」として普遍的真理とされるに至ったのである。このような発想は、前年の「支那を救ふは国家主義」の延長線上にあり、それが思想として体系化されたと見るべきであろう。

かくして、「民族固有の精神」がここに前面に押し出されることとなった。しかし、こうした傾向はこの二年間のうちに唐突に現われたものでなく、その伏線は既に民国初年の言説——但し、それは日本の歴史精神への関心として現われていた——の中にあったのである。そして、こうした考えは、新文化運動時期に普及した思想潮流に対する批判と表裏するものであった。戴季陶は該書において次のように述べる。「昨今、一般の人々は孔子を尊崇する者は全て反革命であるとし、中国国民文化の堕落の原因は彼らにあったとする傾向にある。〔中略〕ここから、思想上から見れば、革命と反革命の区別が中国的であるか非中国的であるかという区別に転化してしまった。これは実に悲しむべき現象である」[37]。かくして、五四時期の戴季陶の中では表面化することはなかった中国の伝統が、歴史的な社会構造の変容を超越して有効性を持つ価値として認識されるようになったことが理解されるのである。

それでは、中国革命の特徴は如何なるものであるのか。戴季陶はここで、中国社会には明白な階級対立は存在しないため、階級的な利害に基づいた革命方式を採用することはできないとする。また、階級対立の出現を待って、初めて革命を起こすことも不可能である。むしろ、中国における革命と反革命の対立は、覚醒した者と覚醒しない者との対立であって、階級間のそれではない。それ故、今日の中国で必要とされることは国民全体の覚醒を促すことであって、一つの階級を促すことではない。「知難行易」説の革命運動における意義はここにあるとされたのである。(38)

さて、戴季陶によれば、革命は利他心から生じるものであって、利己心から生じるものではない。それ故、仁愛は革命道徳の基礎であり、革命家の知的努力は完全に仁を知るためのものである。そして、中国が階級的に未分化であるため、革命達成のためには、被支配者層の人々が自覚して自らの利益を求めることに加え、支配者層を覚醒して被支配者層の利益を図ることが必要であるとされた。(39)こうした傾向は、階級調和論の立場以外の何物でもなかったと言うことができるであろう。

ここに立ち現われた戴季陶は、前述した五四時期の社会主義者としての彼の姿勢とは正反対のものである。何故に、このような転換が可能となったのであろうか。その要因としては、既に指摘しておいたように、五四時期の社会主義認識に問題点があった。すなわち、彼は思想的「左傾化」にも拘らず、それは本来的に中国における尖鋭的な階級闘争を志向するものではなく、しかもそれは運動にまで高められる契機を持つものではなかったのである。極言すれば、彼にとっての社会主義は観念の産物でしかなかったのである。

それでは、以上のような儒家の伝統の全面的な肯定は、戴季陶の中にあってはどのように位置づけられるべきなのであろうか。彼の社会化の過程を考慮に入れた場合、これを他の伝統的知識人のケースに見られるような文化的保守主義の噴出と同列に見なすことには躊躇を覚える。そもそも、戴季陶の場合、保全しようとしたものが儒家的伝統そのものであったかどうかも疑問である。むしろ、彼にとって先ず何よりも保全されるべきものとされたものは、国民革命遂行における国民党の排他的指導性であったと考えられる。

周知のように、当時、中共の指導による労農運動は急激な勢いで成長しつつあった。すなわち、一九二五年一月には、広州で第二回全国労働大会が開かれ、この大会を通して中華全国総工会が誕生した。委員長の李偉民を始めとして執行部は中共党員で占められ、総工会傘下の労働者は五四万人を数えるに至っていた。こうした国民党の対抗勢力の成長は、階級闘争を尖鋭化させ、更には突出した反帝国主義活動によって列強に介入の口実を与え、国民革命の実現を危うくさせかねないものであった。かかる危機の回避に向けて、儒家的調和の伝統は極めて有効に作用するものと考えられたのである。しかも、コミンテルン＝中共による「世界革命の一環としての中国革命」という位置づけは、国民革命における国民党の排他的指導性を強調する戴季陶の考えとは抵触するものであった。恐らく、彼はこうした問題を考慮に入れていたものと考えられる。その意味で、戴季陶による儒家的伝統の強調は、極めて便宜主義的なものであったと考えられるのである。

戴季陶が調和主義に加えて、儒家思想の中で強調するものに国民の政治的道徳がある。彼は『孫文主義の哲学的基礎』で、『大学』と『中庸』を総合すると次のような三重の連帯責任構造が抽出されると指摘する。すなわち、①個人↕家、個人↕国、個人↕世界、②家↕国、家↕世界、③国↕世界、である。もちろん、古代の国や世界と今日のそれとは全く異質のものであるのだが、戴季陶はこれを以て今日そして将来の道徳としなければならないと説くのである。[40] こうした主張をして、「専制主義が発生する土壌を作り上げた[41]」とする評価もあるが、ここではむしろ国民の政治的成員化の試みという面にも着目すべきであろう。戴季陶は、国民が儒家的徳目を修得することによって、国民国家の成員たり得ると考えていたのである。言うまでもなく、このような主張は後に、蔣介石によって積極的に採用されて行くことになるのである。

それでは、以上のような孫文思想の体系化の中で、戴季陶の対外観は如何なるものとして表明されたであろうか。既に孫文の秘書としての役目を終えたとは言え、この短い期間の中で戴季陶の対日認識が劇的な変化を生じることは考え難いのであるが[42]、ここでは当時の彼の対外認識と日本がそこで占める位置について確認しておくことにする。

一九二五年の四月から六月にかけて、戴季陶は広州において三民主義の意義についての講演を何度か行なっているが、そこで示された対外認識は以下のようなものであった。先ず、彼は帝国主義の持つ国際性と、それに反抗するための国際的な連帯の必要性を表明する。中国は現在、民族問題の解決を必要としている。しかし、それは一民族の単独の力で解決できる問題ではないと言う。「帝国主義の国際性は顕著である。経済・文化的な落伍者である中国に対する彼らの侵略は、それぞれが個別に行なっているのではなく、彼らは一つに結合し共同して侵略し、中国人民の利益を搾取しているのである。〔中略〕被抑圧民族と帝国主義国家内部の被抑圧民衆の問題を解決するには、みなが連合して共同して奮闘することが必要である」(43)。我々はここに、戴季陶が中国革命を世界的な反帝国主義運動の中に位置づけていることを見て取ることができる。

次に、世界の被抑圧民族の主要敵はイギリスであると見なされ、アジアの被抑圧民族との連帯が求められた。戴季陶は「帝国主義国家のうちで、東方で最も厳しいのはイギリスである」(44)と断言する。そして、そのイギリスのアジアでの本拠地はインドである。そのため、インド革命と連帯しなければ、イギリス帝国主義打倒という目的は達成されない。また、チベットはインドと中国との間にあって、両国を陸路で連結させる立場にある。そのため、チベットの民衆を目覚めさせて革命運動に従事させ、彼らにその運動が民族の自由と平等を求めるものであることを知らしめなければならないとされた。すなわち、チベット革命は中国革命とインド革命を繋ぐ鎖の役割を果たすものと考えられていたのである(45)。

戴季陶がイギリス帝国主義を主要敵と見なす傾向は、一九二五年の五・三〇事件への対応にも現われている。すなわち、この事件当時戴は上海におり、総商会会長である虞洽卿らと日系紡績工場の争議の調停に当たると共に、イギリスに対して全力を傾けるよう訴えていた。ここからは、階級調和論に基づいた反帝国主義の姿勢が看取できるであろう。また、彼はこの後、広州で発生した「沙基事件」に際して次のように述べていた。

東方ではイギリスが唯一の強国であり、全東方民族の九〇パーセントはイギリス帝国の圧政下にある。それ故、我々の反帝行動は第一目標がイギリスにあることを認識しなければならない。万一、行動に当たって、全ての帝国主義国家を同一に扱うなら、それは事実上、イギリスに対する追及を遅らせてしまうことになる。それと同時に、中国国民は漠然たる観念を持つだけで、具体的認識を持ち得ず、更なる行動に際して力量を集中することができなくなるのである。(46)

それでは、同様に帝国主義的政策を執る日本に対してはどのような対応を以て臨むのか。これについて戴季陶は、この年の三月に発表した「日本の東洋政策に就いて」と同様に、政府には断固たる態度で臨むが、国民に対しては「東方に戻れ」と呼び掛ける方針を継続することを表明している。何故なら、日本は人種、文化、経済のいずれの関係からも、将来の第二次世界大戦勃発の際にはイギリスへの対抗上、中国と手を結ばざるを得なくなるからである。そのため、日本に対しては政治的には反対の立場を堅持しつつも、経済的断交などのような手段は用いるべきではないとされた。(47)以上のような、この時期の戴季陶の言説及び行動からすれば、主要敵であるイギリスへの批判を優先するため、日本への厳しい対決姿勢は見出すことができないのである。

しかし、このようにイギリス帝国主義に対する強い批判の眼を向けながらも、戴季陶は大衆運動の高揚には慎重な態度を以て臨む。彼は、中国の独立問題が短期間の罷市や罷業によって解決できる問題ではないとする立場を取っており[48]、それは特定の政党による指導と国際的連帯によって達成されると考えていた。そこで提起されたのが、民族主義と国際主義を結合させた「民族国際（インターナショナル）」であり、これは前述した「大陸同盟」が発展した組織であった。

戴季陶によれば、現在の世界で最大の罪悪行為をなしているのは国際連盟であり、これは帝国主義国家が世界を共同侵略するための総司令部である。そのため、現在の中国にとってはイギリスへの抵抗こそが国是であるが、国民に対しては帝国主義の国際組織である国際連盟という怪物の存在を認識させ、帝国主義によって抑圧されている弱小民族の連帯組織を作り上げる必要性があるとされた。そして、その機関が「民族国際」であるが、その中心となるべき国家は、中国、ソ連、ドイツ、オーストリア、トルコの五ヵ国であり、構成国としてはエジプト、ポーランド、インド、ベトナムなどの諸国が挙げられていた。また、それは常設機関を組織し、抑圧者に抵抗するほか、各国の国民経済、文化交流、国際法、移民などの重要問題を計画し、文化・経済面で遅れた国民の進歩と発展を図るというものであった[49]。

このように、戴季陶にとってはイギリスを筆頭とする帝国主義の打倒こそ最優先されるべき課題であったのであるが、それでは彼の考える「帝国主義」とはそもそも如何なるものであったのかが問題となる。帝国主義を資本主義の最高段階と規定したのはレーニンであるが、これに対して戴季陶は人口問題こそが根本原因であるとして次のように述べる。

社会主義者は世界平和実現の問題においては、民族競争の基本である人口問題を完全に無視している。彼らは常に経済問題の解決が全ての問題を解決すると考えるが、こうした考えは完全に誤りである。全世界の資本主義の経済組織が打ち破られた時、その後に真の、そして単純な民族競争が現われるのである。(50)

戴季陶の考えるところでは、世界の経済問題が解決したとしても、民族競争が引き続き存在するため世界平和が実現されることはない。その原因は、人口問題が未解決だからであるとされるのである。

然るに、こうした民族主義台頭の傾向は、今日の世界統一化の政治的潮流と矛盾するものではない。もし、それによって妨げられるものがあるとすれば、それは帝国主義による統一であって、今日の被抑圧民族の台頭は「世界大同が進行する中での民族主義(51)」と位置づけられ、今一つの世界主義への道とされたのである。従って、今日はもとより将来にわたっても、民族主義は堅持されなければならないことになる。なお、ここで注意しておかなければならないことは、この論法からすれば社会主義革命を経たソ連も、依然として民族主義的要素を捨て去ることはなく、帝国主義として規定される可能性もあるということである。現に、こうした観点は『日本論』の中に引き継がれることになる。

さて、戴季陶が考えた民族国際とは、自らが「新天下三分策」と称するものであった。先ず彼は、今日の世界改造の過渡期における国際組織には二つの種類のものがあると述べる。すなわち、一つは帝国主義列強による「縦断的国際」（＝国際連盟）と、社会主義政党による「横断的国際」（＝コミンテルン）である。前者は世界の一切の特権を維持しようとするもので、後者はそれを打破しようとするものである。ここで言う「縦断」が支配と抑圧を、そして「横断」が水平的或いは地理的な拡大を指していることは容易に看取できる。

然るに、今日の民族主義運動は被抑圧民族が独立と自由を勝ち取るためのものであるため、帝国主義列強の組織である国際連盟と対抗するものであることは当然のことであるが、それは抑圧に対する抵抗という縦断的な側面を持っているため、「横断的国際」とも一体となることはできない。そこで戴季陶は、今一つの国際組織が必要であるとして次のように述べる。

各国家、各民族は純然たる民族自由連合主義の下で、「民族国際」を組織しなければならない。そして、この「民族国際」は〔中略〕世界のあらゆる弱小民族の国民の政党を包括し、偉大なる国際勢力を作り上げ、一方では帝国主義の縦断的国際連盟に対抗し、また一方では各国社会主義を横断する国際と提携する。〔中略〕この自由連合を基礎とする新たな縦断的国際が成立した後には、全世界の国際組織は三つのものとなる。一つは、帝国主義の縦断的国際であり、一つは社会主義の横断的国際であり、今一つは三民主義の新縦断的国際である[52]。

戴季陶が用いる「横断」という言葉の中には、「干渉」の意味合いも含まれていたものと考えられる。そうだとすれば、彼の以上の構想の中からは、中国はもちろんのこと、他の弱小民族の解放運動からも第三者の干渉を排し、純化を求めて行こうとする姿勢を見出すことができるであろう。

ここで問題となるのは、以上のような民族国際の構想の中で、日本はどのように位置づけられていたのかということである。もちろん、日本はその構成国には含まれていないのであるが、戴季陶が次のように記している点には興味深いものがある。「日本が一体どちらの方向に向かうかは極めて注目に値する問題である。恐らく、それは中国に対して不平等条約を取り消し、東方に戻ってその国民との良い友人とならざるを得ないであろう[53]」。ここに現われる戴季陶の姿勢から窺えるものは、既にイギリスとの利害関係が薄まっている日本が、民族国際の成立を契機として方針転換をするであろうという、当時の極めて楽観的な期待感であり[54]、それは五・三〇事件時期の姿勢の延長線上にあったと見ることができる。

ところで、この民族国際なるものは戴季陶の独創に係るものではない。同じ時期に胡漢民もこのことに言及しており、その構想の起源は孫文にまで遡ることができるのである[55]。ある論者によれば、民族国際の起源は、一八九七年七月の孫文と宮崎滔天の会談の際に出た話題に求められるとされる[56]。然るに、戴季陶が孫文の民族国際についての具体的な見解を聞いたのは一九一三年のことであった。すなわち、この年の春に孫文が日本を訪問した際に、桂太郎との会談に戴は通訳として同席していたのであるが、この時、桂は次のように述べていた。

日英同盟にかえるに日独同盟をもってし、対露作戦にかえるに対英作戦をもってして、是が非でもイギリスの覇権を打ち倒さねばならない。かくてこそ東方は安泰となり、日本も生命を保つことができる。日本の生命のみではない。ダーダネルス海峡から太平洋までの全東方民族の運命が、この計画の成否にかかっている[57]。

そして桂太郎は、今後、日中両国が提携すれば東半球の平和が保持できるとして、中国、日本、トルコ、ドイツ、オーストリアの五ヵ国の提携を提案したのである[58]。この時、孫文は次のように述べたと言われる。

日本がロシアを討った後に、そのまま南下して中国の国民革命を援助し、不平等条約の束縛を取り除き、共同してイギリスの覇権をアジアの外で阻んでいれば、アジア民族はここから自由・平等を獲得できたであろう。ただ、中日両国が相互に信頼し、共に努力して初めてこ

の遠大な目的に到達することができるのである。(59)

以上のような二人の発言からは、イギリスへの対抗、アジア民族の解放、日中両国の提携という三点が彼らの共通の了解となっていたことが理解される。第三点目は後に微妙になって行くとは言え、戴季陶が表明した民族国際の原型がここにあったことは明らかである。その意味で、一九二五年における戴季陶による民族国際の計画の提示は、孫文の意志の公然化であったと見ることもできる。しかし、そこには新たな動機づけもあった。それは、帝国主義列強とソ連との対峙状況によって生じた、新たな戦争の勃発に対する危機感であった。すなわち、彼は将来における「太平洋戦争」の勃発を想定しており(60)、その際に中国が帝国主義及び社会主義の両国際組織の決戦に巻込まれることへの危機感があったと考えられるのである。こうした帝国主義に対する危機感は、孫文に比べてかなり深刻であったと考えられる。但し、それが抵抗運動を伴う性質のものでなかったことは、付け加えておく必要があるだろう。

以上、本章では第一次国共合作時期の戴季陶の思想傾向と対外観について見て来た。国内の革命運動推進の面では、戴季陶は必ずしも孫文の方針と完全に合致していた訳ではなかった。彼にとって、ソ連との提携は国民党の排他的指導性と相容れないものであったのである。しかし、対外戦略について言うなら、戴季陶の言説は孫文の方針にほぼ合致していたと見なすことができる。

戴季陶は孫文の「大アジア主義講演」に現われる国際戦略、すなわち日中ソの提携論を支持しており、その延長線上に提起されたのがイギリスに対抗すべく案出された「大陸同盟」の主張であった。この時期の戴季陶は、ほぼ一貫してイギリスを中国革命の最大の障害と考えていた。そのため、日本に対しては決して対決的な姿勢を取ることはなく、アジアへの回帰が説かれるところとなったのである。しかし、それが幻想に過ぎなかったことは、間もなく明らかとなるであろう。

【注】

(1) 陳天錫編『戴季陶先生編年伝記』、中華叢書委員会、台北、一九五八年、三二一〜三二三頁。なお、後年になって、戴季陶はこの間の事情を次のように記している。「……私が揚子江に投身自殺を図ったことですが、別にこれといふ憤激した事もなければ不満があつた訳でもありません、一言にして云へば無常の感とでも云ひませうか、あれから私の精神状態は一変しました、私はこの世のすべてを歴史的宿命であると考へるやうになつた」(「東亜の一国であることを忘れて了つた日本」、一九二四年、一一月二三日、陳徳仁・安井三吉編『孫文・講演「大アジア主義」資料集』、法律文化社、一九八九年、八五頁。なお、原文は旧字体である)。

(2) 戴季陶「致蔣介石書」(一九二五年一二月一三日)、陳天錫編『戴季陶先生文存』巻三、中央文物供応社、台北、一九五九年、九八〇頁。

(3) 同前、九八〇〜九八一頁。

(4) 戴季陶「致熊錦帆諸先生書」(一九二四年一月二七日)、『戴季陶先生文存』巻三、九五二頁。

(5) 「致蔣介石書」、九八二頁。

（6）『包恵僧回憶録』、新華書店、北京、一九八三年、一四一～一四二頁。
（7）同前、一四七頁。
（8）戴季陶「東方問題与世界問題」（一九二四年三月一四日）、『戴季陶先生文存』巻四、中央文物供応社、台北、一九五九年、一七三〇頁。
（9）同前、一七三七～一七三八頁。
（10）同前、一七三九～一七四〇頁。
（11）同前、一七四一～一七四四頁。
（12）この講演の最後の部分で、孫文は「あなたがた日本民族は、欧米の覇道の文化を取り入れると同時に、アジアの王道文化の本質も持っています。日本がこれからのち、世界の文化の前途に対して、いったい西洋の覇道の番犬となるのか、西洋の王道の干城となるのか、あなたがた日本国民がよく考え、慎重に選ぶことにかかっているのです」（今里禎訳「大アジア主義」、伊地智善継・山口一郎監修『孫文選集』第三巻、社会思想社、一九八九年、三七五頁）と述べたとされるが、新聞に掲載された講演記録ではこの部分は欠落している。この問題をめぐっては、実際に孫文がこの部分を語ったが、翻訳或いは新聞掲載段階で抹消されたとする説（藤井昇三「孫文の『大アジア主義』」、辛亥革命研究会編『中国近現代論集』、一九八五年、汲古書院）と、そのような発言をせずに後に孫文が付け加えたとする説（安井三吉「講演『大亜細亜問題』について」、『近代』第六一号、一九八五年）がある。
（13）「大アジア主義」、三七四頁。
（14）孫文は数日後、『ジャパン・クロニクル』紙のインタビューに答えて、「もし西洋列強が、引き続き現在の抑圧を続けるなら、中国はそれに対抗すべくソ連とインドと提携するであろう」と述べている（"Sun Yat-sen on China's subjection" *The Japan Chronicle*, December 2, 1924, 陳徳仁・安井三吉編『孫文・講演「大アジア主義」資料集』、一一頁）。

(15) この問題に関して、藤井昇三氏は孫文が日本国民に対する期待は持続させていたものの、日本政府に対しては全く期待を寄せていなかったとする(「孫文の『大アジア主義』」、四三〇頁)。他方、講演を行なった時点での孫文は日本に好意的であったとする説もある(髙綱博文「孫文の『大アジア主義』講演をめぐって」、『歴史評論』第四九四号、一九九一年六月、七一頁)。
(16) 孫文「日本は亜細亜に帰れ」(一九二四年一二月七日)、『孫文・講演「大アジア主義」資料集』、一〇六頁(但し、句読点、字体を改めた。以下、同じ)。
(17) 戴季陶「孫文氏と其事業」、『大阪毎日新聞』、一九二四年一一月二七~三〇日。
(18) 戴季陶「支那を救ふは国家主義」、同前、一九二四年一二月二八~三〇日。
(19) 同前。
(20) 戴季陶「日本の東洋政策に就いて」(一九二五年三月)、『孫文・講演「大アジア主義」資料集』、二一九頁。
(21) 同前、二二〇~二二一頁。
(22) 同前、二二二~二二三頁。
(23) 森永優子「近代中国の対日観――戴季陶の『日本論』と戴季陶主義に関する一考察――」、『史観』第九三冊、一九七六年三月、四六頁。
(24) 藤井昇三『孫文の研究――とくに民族主義理論の発展を中心として――』、勁草書房、一九六六年、二三〇頁。
(25) 「日本の東洋政策に就いて」、二二五頁。
(26) 安井三吉「孫文・講演『大アジア主義』の研究を深めるために」、『歴史評論』第四九八号、一九九一年一〇月、八六頁。また、望月敏弘氏はこうした言説から「戴季陶の対日観の特質のひとつである日本への断固とした厳しい姿勢がうかがえる」と述べている(「中国国民党の対日観」、宇野重昭・天児慧編『二〇世紀の中国　政治変動と国際契機』、東京大学出版会、一九九四年、八四頁)。

(27)戴季陶「孝」(一九二五年三月一五日)、中国国民党中央党史編纂委員会編『革命先烈先進詩文選集』第四冊、中華民国各界紀念国父百年誕辰籌備委員会、台北、一九六五年、四七九頁。
(28)白永瑞「戴季陶の国民革命論の構造的分析」、『孫文研究』第一一号、一九九〇年五月、一〇頁。
(29)同前、一一頁。
(30)戴季陶「中国国民党接受総理遺嘱宣言」(一九二五年五月二四日)、『戴季陶先生文存』巻三、九六八～九六九頁。
(31)同時代における批判としては、例えば、瞿秋白「中国革命与戴季陶主義」(一九二五年九月、蔡尚思編『中国現代思想史資料簡編』第二巻、浙江人民出版社、杭州、一九八二年、所収)などが挙げられる。
(32)戴季陶『国民革命与中国国民党』、中央政治会議武漢分会、武漢、一九二八年、五二頁。
(33)同前、五五頁。
(34)戴季陶『孫文主義之哲学的基礎』、民智書局、広州、一九二五年、七頁。
(35)同前、八～九頁。
(36)島田虔次『大学・中庸』下、朝日新聞社、一九七八年、一二四頁。
(37)『孫文主義之哲学的基礎』、四六～四七頁。
(38)同前、四〇頁。
(39)同前、四一～四二頁。
(40)同前、五二～五三頁。
(41)鄭佳明「論戴季陶主義的主要特徴」、『求索』一九九三年第一期、一一〇頁。
(42)現に、『孫文主義之哲学的基礎』では「日本の東洋政策に就いて」と同様の見解が示されている。
(43)戴季陶「三民主義的一般意義与時代背景講詞」(一九二五年四、五月間)、『革命先烈先進詩文選集』第四冊、四九三頁。

(44)戴季陶「三民主義的国家観講詞」(一九二五年五、六月間)、同前、四九八頁。
(45)同前、四九八〜四九九頁。
(46)戴季陶『中国独立運動的起点』、民智書局、広州、一九二五年、五頁。
(47)同前、六頁〜七頁。
(48)「戴季陶対於時局之談話」、『上海民国日報』、一九二五年七月三一日。
(49)同前。
(50)『国民革命与中国国民党』、六〇〜六一頁。
(51)「戴季陶君関於民族国際的談話」、『上海民国日報』、一九二五年九月二日。
(52)同前。
(53)「戴季陶対於時局之談話」。
(54)白永瑞氏によれば、戴季陶の「単独抗英論」は安易な日本観と表裏をなしており、従って、日本が友好的な姿勢を見せないならば、その意味が色褪せるはずであるとされる(「戴季陶の国民革命論の構造的分析」、『孫文研究』第一一号、一九九〇年一二月、一八〜一九頁)。
(55)「致蔣介石書」、九八二頁。
(56)徐鰲潤「戴伝賢対『民族国際』的推行与貢献」、『中華民国史専題論文集』、国史館、台北、一九九二年、二四七頁。
(57)市川宏訳『日本論』、社会思想社、一九七二年、九八頁。
(58)同前、一〇〇頁。なお、この時の桂太郎の対応については、宮崎滔天「桂太郎と孫逸仙」(宮崎龍介・小野川秀美編『宮崎滔天全集』第一巻、第五巻、平凡社、一九七一年、一九七六年)に触れられている。
(59)王耿雄『孫中山史事詳録』、天津人民出版社、天津、一九八六年、五二四頁。
(60)「戴季陶君関於民族国際的談話」。

第四章　国民革命時期の対日観

第一節　『日本論』執筆の背景

一九二五年一一月中旬、戴季陶は沈玄廬らと共に北京に向かった。この北上は、同月二三日に開催される「西山会議」への出席のためであった。当時、国共合作の継続か否かについての国民党内の対立は、尖鋭化した状態に至っていた。既に、孫文の死の直前の三月八日には、合作の解消を主張する馮自由、張継らによって国民党同志倶楽部が結成されていた。また、同じく国民党の純化を説く戴季陶の影響の下で孫文主義学会が成立していたのであるが、当時の彼は党内において馮らのような旧右派と呼ばれるような人々に対しては必ずしも好意的ではなかった。そのため、北上した後の彼は、汪精衛に対しては弾劾ではなくて勧告するに留め、共産党の問題については李大釗と協議を行なうこととして、一方的な分裂行動はしないとする、呉稚暉の見解に与するところとなっていた(1)。

ところが、会議の四日前の一一月一九日、戴季陶らが宿泊先の旅館で数十名の暴漢に襲われるという事件が起きた。これは彼を容共分子と見なした国民党同志倶楽部の差し金によるものであった。翌日、戴季陶は一定の主張の下では会議の決議に同意する旨の書簡を送り北京を離れた。そして、一二月一三日に至って、今後は党の一切の職務を離れて学術活動に従事することを宣言して湖州に移ったのである。

戴季陶は政界から身を引くことを表明したにも拘らず、一九二六年一月に開催された国民党二全大会では中央執行委員に任じられた。そして、この頃からの彼の発言は文化運動に関するものが多くなる。しかし、そのことは彼が政治問題への関心を弱めたことを意味するものではなかった。すなわち、同年六月に広東大学（後の中山大学）校長に任じられた後は、モンゴルやチベットなどの民族革命教育の推進に熱心になるが、それはイギリス帝国主義への対抗策の一環としてあったのである。その意味で、戴季陶の文化活動は従来の国際政治観と密接に結び付いたものであったと言うことができる。

戴季陶が政界の一線を退いた後、中国の革命運動は大きく動き始めていた。すなわち、一九二六年七月より国民革命軍による北伐が開始されており、一〇月には武漢を攻略し、間もなく国民政府を広州から当地に移転する旨が決定されたのである。こうした事態に対して、戴季陶は政府移転を「新時代の開始である」として高く評価し、今後は国民党が建設能力と統治能力を高め、政治訓練を行なうことが必要であるとしている。(2) そして、北伐軍が勝利を収める中で、党は不純分子・投機分子を淘汰して一つの主義の下に一元的に統一して行く必要があるとされたのである。しかし、現実にはこの後国民党内では、南昌に総司令部を構える蔣介石と武漢の党中央の間で、革命の方針をめぐって深刻な対立が生じたのである。

このような状況下で、戴季陶を必要としたのは蔣介石であった。一九二七年二月、南昌の国民党中央政治会議は日本に国民革命の目的を説明するために、戴季陶を日本に派遣したのである。彼としては七度目の（そして最後の）訪日であった。この時、彼は一ヵ月半の滞在期間中、日本各地で合計八〇数回にわたる講演と私人との会談を行なっているが、その多くは日本政府に武力侵略方針を放棄するよう勧めるものであった。[3] 帰国後、戴季陶は戦禍の避け難い旨を復命したのであるが、それは日本滞在中に軍部や民間の国粋主義者たちの傲慢な態度に接したこととも関連するのであろう。[4]

戴季陶は一九二七年三月三一日に帰国するが、それと相前後して南京事件と漢口事件が勃発した。それまでの若槻内閣は対中国内政不干渉政策を取っていたのであるが、この事件を契機として日本国内及び中国在住日本人の間には幣原外交批判、すなわち軍事干渉を含む対中国強硬姿勢を求める声が上がることとなり、四月には同内閣が倒れ田中義一内閣が成立することとなった。田中内閣の方針は対中国積極介入を旨とするものであり、早くも五月下旬には北伐の戦火が山東に及ぶや、軍事力による居留民保護という新たな政策を選択することになる。いわゆる「第一次山東出兵」と称されるものである。また、六月から七月にかけて東京で「東方会議」が開催され、その最終日の七月七日に発表された「対支政策綱領」では、満蒙における特殊権益の防護と中国居留民の保護をうたいあげていた。今や、日本は中国革命の明確な妨害者として立ち現われるに至ったのである。ここに現実問題として、孫文の時代のように日中提携論を唱え続けることが困難になったことは誰しも感じるところであったろう。

この時期、国民革命も大きな節目を迎えていた。すなわち、戴季陶が日本から帰国して間もなく、上海で蔣介石の反共クーデターが発生したのである。戴季陶はこれに歓迎の意を現わし、「この度の国民党の独立は中国独立の基礎であり、国民党の心がようやく取り戻されたのである」と評価したうえで、蔣介石のこれまでの忍耐と今回の決心は「党員としての模範である」としてこれを称えたのである。(5) そして、ソ連に対しては次のように述べていた。

ロシアは中国革命に同情し、国民政府を援助すると言ったが、この二年間において国民政府と相互平等条約を締結しておらず、また国民政府と正式の代表を交換したこともない。我々は過去二年間、自分たちの地位がまだ強固でなかったため、この問題を提出することはできなかった。しかし、我々は現在明確に理解しなければならない。我々は、ロシアが正式に我が国民政府を承認しないために、ロシアが我々の革命に対して正確な理解と同情的援助をしているとは認めることができないのである。(6)

戴季陶にとっては、連ソ政策が終焉を迎えたことは、主要構成国の一つを欠くということにおいて、大陸同盟型の民族国際の実質的な終焉をも意味したと言えるであろう。

　この後、戴季陶の言説からは大陸同盟型の民族国際の主張が急速に消滅して行く。こうした現象は如何なる事柄に起因するものなのであろうか。分共に伴うソ連との訣別がその一因であることは十分想定し得る。更には、当時の政治状況の中に、イギリスとの対決を前面に押し出させることを躊躇させるものもあったと考えられる。この年の一月、漢口で民衆によるイギリス租界の回収運動が起こり、その勢いは上海に飛び火する勢いを見せていた。そのため、イギリスの軍事的介入を恐れる上海の資本家が、蔣介石に事前の対策を求めた結果が四月一二日のクーデターであった。(7)既に述べたように、戴季陶はイギリス主敵論を唱えていたが、それは国際戦略上のものであって、大衆運動を伴うものではなかった。そのため、国民革命遂行に向けて列強との対決を回避しようとする姿勢が芽生えるのは自然なことであったと考えられる。ともあれ、ここに日中提携論のための枠組は完全に消え去ったと言えるであろう。

　かくて、戴季陶の立場は鮮明となり、国際環境に対する認識にも変化が生じるようになった。このような政治的環境と立場の下で書かれたのが『日本論』であったのである。そこで、次節以下において『日本論』の内容を分析して行くことにしよう。

第二節 「我が日本観」から『日本論』へ

『日本論』は全二四章から構成されているが、前述したように、その前半部分である一四章は何らかの形で「我が日本観」を取り入れたものである。「我が日本観」と『日本論』は、それぞれ異なった問題意識の下で書かれたという意味では、独立した著作であることは言うまでもないが、ここでは先ず前者から後者への書換えの跡を検討することによって、戴季陶の思想的変化が新たな対日観に如何なる形で反映しているかを見て行くことにする。

『日本論』に付された序文の中で胡漢民は、前著「我が日本観」について「主観が勝ちすぎていた」と評し、「ことさら相手を悪く言おうとして、相手の長所まで短所としているところがある」と指摘していた(8)。戴季陶は『日本論』ではその点を改めたと述べており、確かに全体を通してそのような傾向は顕著である。そのことは、戴季陶が該書の第一章において、日本を学問、思想、種族の各方面から見て「極東において、中国を除けば、最大の民族(9)」であるとする姿勢において明らかである。

「我が日本観」での否定的評価が、『日本論』に至って肯定的に書換えられた箇所は幾つか見られるが、第三章の「皇権神授説とその時代的適応」の冒頭での付加部分はその好例であろう。そこでは次のように書き改められている(傍線部分が『日本論』で付加された箇所である)。

日本は現在なお、君主神権の迷信から完全に離脱していない。むろん、近代化学文明の点では、日本の学問は中国よりはるかに進歩しているが、これは単に最近五、六十年だけのことである。ヨーロッパから伝わった科学文明と、中国やインドから輸入した哲学宗教思想を除けば、日本固有の思想は、幼稚というほかない。しかしそれは、日本の恥ではない。恥でないどころか、むしろ幼稚であるためにこそ、鬱勃たる進取の気象がうまれ、発展の余地がうまれるのであって、そのため老衰や頽廃の気分に陥らないですむのである。(10)

この書換え部分からは、日本人の後進性すなわちマイナスの側面を前提としながらも、その中にプラスに転じる可能性を見出していることが理解される。また、前著では封建時代の日本人には「同胞観念」が全く欠如していたとされていたが、(11)『日本論』ではそうした指摘が消滅しており、このこともやはり戴季陶の日本人観が以前と比べて客観的になったことを示すものと言えるだろう。

日本の封建時代の分析においても、以前に比べてかなりの厚みが出て来ている。そのことは、「我が日本観」ではこの問題が一つの章でしか論じられていなかったのが、『日本論』ではそれが分量的に拡充されて三つの章となっていることからも分かる。

『日本論』表紙

しかも、そこには戴季陶の新たな精神世界を窺わせるものがある。それは例えば、日本社会の特徴を説明するに当たって仏教の日本化を手掛かりとしていることに現われており、[12]これは恐らく彼自身の仏教への帰依と関わるものであろう。また、該書において「同胞観念」という言葉を「仁愛観念」に書換えていることは、[13]この時期の彼が儒教的価値観を強調するようになったことと関連するものと言えるかも知れない。

さて、『日本論』の前半部分で特徴的なことは、戴季陶が武士道と明治維新に多大な関心を払い、それらに極めて好意的な評価を与えていることである。先ず武士道については、戴季陶はそれが発生的には侍者である「サムライ」の「奴道」に過ぎず、封建主義の下における封禄に対する報恩の主義であって、本来は精微で高遠な理想から生じたものではないとしながらも、制度から起こったそれが後に、「道徳としての武士道、さらには信仰としての武士道の意味に使われるようになった」点に着目すべきであるとする。そして、徳川時代の武士道が如何に生活的な潤いに富んでいたかを見て初めて、武士階級が維新の原動力となったかを理解することができると述べている。[14]

戴季陶の見るところでは、明治維新は明らかに近代的統一国家の樹立であったが、その事業は武士という階級によって成し遂げられたものであった。そして彼は、その歴史的事実の中に「唯物主義者の階級闘争理論が革命史の実際に適応しないことの有力な証明材料を発見することができる」[15]と言う。すなわち、維新は確かに農民階級を解放し、農民の土地所有権と政治的・法律的地位の向上をもたらしたが、それは農民の自発性に起因するものではなく、武士階級の志士仁人が鼓吹することによって生じたものであった。それはまさに、「代行革命」と称すべきものであったが、こうした戴季陶の見方が当時の反共主義を前面に押し出した思想傾向の反映であること、そして来るべき中国革命の在り方を表明したものであることは、極めて容易に窺い知ることができる。すなわち、そこには『孫文主義の哲学的基礎』で述べられた、支配者層の覚醒による利他的革命に通じるものが存在しているのである。

前著「我が日本観」における記述では、戴季陶の明治維新についての評価はさほど高いものではなかった。以前の彼の評価によれば、それは「日本文明史においてはもちろん長足の進歩ではあったが、世界文明史の陳列棚で比較してみると、その内容は極めて貧弱なもの[16]」とされていたのである。ところが、『日本論』になるとこうした記述は削除されたばかりでなく、「表面にあらわれた事実だけを研究材料としたり、または最近数十年だけを問題にして、徳川三百年の治績を忘れた明治維新史は、正しいとはいえない[17]」として、次のように付け加える。

なぜなら、ある時代の革命は、さまざまな破壊から建設の完了にいたるまで、あくまでその民族の社会生活の枠を越えることはできないからである。その社会の内部に改造の条件が整わず、また改造のための能力が培われていなければ、一部少数の人間が運動を起こしたところで決して成功は望めない。いかに周囲の環境が改造を迫ったところで、改造のための能力は短期養成というわけにはいかないのである。したがって、欧米勢力の圧迫は、日本を揺るがし革命を起させるきっかけとして作用しただけであって、この革命を短期間に成功させたものは、外からの輸入ではなく、すべて歴史が培ってきたさまざまな能力の発現なのである。(18)

かくして、明治維新は歴史の中で正当に評価されなければならず、代行革命たる維新をもたらした内発的要因、すなわち日本人の精神的蓄積の検討に関心が向けられるようになったのである。

また、以前の戴季陶は人類の普遍性を善しとして、日本人がとかく自らを特殊化する傾向に批判的であった。「我が日本観」には次のような一節があった。

日本人は、自画自賛の「神秘文学」や「神秘哲学」を見てはたまらなく喜んでしまい、実はこのような生まれつきの性格が、日本文明の進歩を妨げる障害物であることを理解していないのである。(19)

然るに、『日本論』になると、日本人が「何かにつけて日本独自の文明ということばを口にしたがる」傾向にあることを前提としつつも、上記の批判的部分は削除され、それに代わって「こうした自尊心が民族の存在と発展の基礎となる」[20]ものとされるように、肯定的な評価を与えられることになる。かかる「自己保存の能力」と「自己発展」の能力こそ、戴季陶が日本民族の長所として評価する点であり、日本がこれまで多民族を支配、同化し、各種の文明を吸収、消化して大きな勢力となり、遂には「東方諸民族中の先進的地位を占めるまでになった」最大の要因であった。[21]そして、それは中国人には欠如したものと考えられていたのである。

それでは、日本人のそうした能力の源となったものは何であったのか。戴季陶の考えでは、それは武士道の中にあった。すなわち、「生死を軽んずる」「信義を重んずる」「意気を尊ぶ」のような武士に特有の精神は、彼らの生活意識によって形成されて来た道徳と信仰を最大の要素として生じたものである。そして、「自己の生命、家族の生命を犠牲にしても、主家のために闘おうとする」[22]精神は、日本人の中に現実主義と責任意識の強さという、中国人には見られない性格を賦与し、それが明治維新とその後の近代化を成功に導く大きな鍵となったと考えられたのである。

このように見て来れば、日本人の精神は今や極めて肯定的に評価されていることが理解されるのであるが、しかし翻って見れば、現実の中国はその日本人によって侵略を受けているという状況下にある。このことは一体何故であるのか。前著においては、豊臣秀吉の大陸進出を尊ぶが如き、武士に固有の侵略精神が強調され、それが明治維新後の大陸侵略に繋がったことが指摘されていた。[23]しかし、武士道への肯定的評価が際立つ該書では、逆にそれが中国人には欠けた海外雄飛の精神として評価されるようになる。むしろ、前著以上に『日本論』で強調されている日本人の負の要素は、武士の精神とは対極にある「町人根性」である。

戴季陶によれば、江戸時代の政治思想は重農主義であったため、農民は純朴な性格を身につけ、身分的に蔑視されることはなかった。ところが商人たちは、常に権力に擦り寄って生計を立てるため、卑屈な守銭奴としての性格を形成して行くこととなった。その性格は町人根性と呼ばれ、「信義を軽んじ金銭を重んずる」「ユダヤ的現金主義」そのものであって、不道徳さと同時に常に残酷さという特徴をも併せ持つものであるとされる。[24] そのことは、新大陸発見の際にヨーロッパ人が先住民族を虐殺した事例にも現われている。それは、武器を持った商人や受刑者の類だったからこそできたことであった。[25] 日本の町人もこれと同様であって、本来政治上の弱者であった彼らが生活上の勝者となるには、そのような性格にならざるを得なかったと言うのである。以上のような説明の中には、明治維新以降の支配者層の変質と、それに伴う侵略主義——それは当時において最も露骨な形で現われていた——の台頭の根拠が暗示されていると言うことができる。

さて、戴季陶は『日本論』の中で維新前夜における攘夷論の普及に着目している。該書の説明を待つまでもなく、攘夷思想は北方からのロシアの政治的圧迫と、南方からの欧米各国の商船の来航に対応する形で生じたものであった。前者への対応は過激かつ武力的であり、後者に対しては打算的かつ経済的なものであったが、これが明治時代に持ち越されて、北進と南進の二つの潮流を形成することになったとされるのである。戴季陶は、ここで当時の攘夷論の具体的事例を挙げて紹介しており、そこから当時の武士階級が如何に民族の危機感を煽りたて、全国国民の団結と抵抗の志気を鼓舞したかを窺い知ることができるとしている。

戴季陶が支配者層による啓蒙活動の事例として挙げるのは、幕末の各藩大名による上書である。今、これらの資料を吟味してみると些か興味深いものがあるので、ここで簡単に触れておこう。すなわち、『日本論』第九章では「肥後国細川山城守上書」、「佐賀藩主鍋島肥前守上書」、「川越藩主松平大和守上書」の各一節が引用されているのであるが、戴季陶がこれらの資料を個別的に探り当てたとは考え難い。と言うのは、これらの資料はいずれも東京帝国大学文科大学の編纂に係る『大日本古文書　幕末外国関係文書之二』に収録されているという事実があるからである。同書の出版は一九一〇年のことであるから、戴季陶がこれを目にする機会を得たとすれば、それは一九一三年から翌年にかけての日本亡命時期のことであった可能性が高い。先に、彼の日本問題に関する知識拡充がこの時期にあったと推測した所以である。

また該書において、柳川星巌や山内容堂による漢詩、更には大木喬任の文章などのように、およそ当時の中国人が目にすることはなかったと思われる資料を駆使していることは、戴季陶の博覧ぶりを知るうえで参考になるであろう。

さて、以上のように、戴季陶は明治維新の際の武士階級の役割を高く評価するのであるが、筆頭を占める領袖が誰であったかを確定することはできないとする。戴季陶の評価によれば、明治維新の成功の主要な原因は結局のところ次の二つに尽きるとされる。すなわち、時代の切実な要求があったこと、そして人民の間に共通の信仰があったことである。「民族の統一した思想、統一した信仰、統一した力」の存在こそが、日本の維新を成功させた最大の要素であった[26]。ある特定の英雄的指導者が、政治的変革という大事業を達成させたのではなく、それは民衆の中に広く行き渡った共通の思想が存在したためであったのである。

もちろん、戴季陶のこうした指摘は、歴史的事実の厳密な分析や考証によるものではない。むしろ、それはフィクションでしかなかった。そしてそのフィクションは、直面する国民革命の指針となる思想＝三民主義を国民全体が共有し、信仰の対象とすべきであるという、当時の極めて現実的な要請に基づくものであったことは言うまでもない。我々はここに、孫文の死の直後から戴季陶が取り掛かっていた三民主義の絶対化の試み――それは、民国初年の日本亡命時期に説かれた国民精神統一の必要性の言説に起源を持つものであった――が、日本の維新史の中に投影されていることが理解されるのである。

だが、これも当然のことではあるが、国民革命時期の戴季陶には、五四時期のように民衆を変革の主体とするような考えはない。「我が日本観」から『日本論』へと発展する過程で、曾て日本の社会主義的変革の必要性を論じた最後の二章が脱落していることは、そのことを象徴的に示している。戴季陶は既に、大規模な変革事業は特定の階層、或いは勢力によって代行されなければならないと確信するに至っていた。従って、全ての国民が一つの思想を共有すべきだとは言いながらも、民衆には主体的な役割を果たすことを求めてはいなかったのである。

それでは、代行革命たる明治維新の後、日本の政治発展は順調であったのかと言えば、戴季陶はこの点では否定的な評価を下す。その理由は政党制の未成熟さの中にあった。すなわち、日本では民権の基礎が未確立であり、立憲政治は形式・内容いずれもが未成熟な状態にある。そのため、政党も他者に依存して辛うじて成り立っているのが現状であると判断されたのである。[27]そして、戴季陶は次のように述べる。

政党の生命を保つには、どうしても確乎とした独立性を維持しなければならないと思う。そして、真の独立を維持するには、革命性が必要である。革命性が失われては、独立性を保つことはできない。では、革命性とは何か、独立性とは何か。いうまでもなく、「革命の主義」「革命の政策」「革命の策略」である。そしてこの三つは、革命の領袖、革命の幹部の下で、はじめて存在が可能となる。[28]

この文章は、『日本論』となるに当たって付加された部分であるが、明治期日本の政党政治の問題点を指摘した直後の文章としては非常に繋がりが悪く、如何にも「取ってつけた」という印象を免れないものがある。そもそも、戴季陶はここで議会政党と革命政党を同列に論じるという、極めて強引な議論を展開しているのである。

にも拘らず、我々は以上のような説明の中に、当時の中国の政治状況が色濃く反映されていることを容易に看取することができるであろう。すなわち、「政党の独立」とは国民党の純化を意味し、「革命の主義」とは三民主義（それも戴季陶によって新たに解釈を加えられたもの）であり、そして「革命の領袖」とは当時の状況下では明らかに蒋介石を指していたと考えられるのである。このことは、四・一二クーデター以後の政治状況の正当化という意図を含むものであった。戴季陶はここで、近代日本における政党の問題点を持ち出しながら、実際には、現在及び今後の国民党が排他的に、国民革命という事業を遂行して行かなければならないことを言外に論じていたと見られるのである。

以上、本節においては『日本論』の前半部分の検討を行なって来た。それは前著である「我が日本観」を下敷きにしたものではあったが、その書換えには明確に当時の戴季陶の思想性が反映されていたことが理解される。そして同時に、そこにはまた今後の国民革命のプログラムという現実の政治的課題も反映されていた。その中国革命の方針については、『日本論』で新たに書き加えられた後半部分において、より具体的に展開されて行くことになるであろう。

第三節　『日本論』の中の中国革命論

『日本論』後半の一〇章が前半部分と比べて特徴的な点は、日本の文化や歴史に関する記述に比べて、当時の中国と直接・間接に関係する事柄の割合が増えていることである。このことによっても、本書における戴季陶の意図というものが見えて来る。

第一五章の「国家主義の日本と軍国主義の日本」は、『日本論』後半の実質的な序章とも言うべき部分である。ここで戴季陶は、孫文の「三民主義」講演の中の民族主義第一講の一節を引用して民族と国家の区分を行ない、前者は自然力によって作られ、後者は武力によって作られたとする。また、「主義」については、それが「一種の思想であり、そこから信仰が生まれ、さらにその信仰が力に変わる」[29]という孫文の解釈を提示している。こうした記述は、明治維新成功の要因を論じた前半部分の内容に対応するものであり、ここで戴季陶が孫文思想を国民共通の主義にしようとしていることは明らかである。

孫文の民族主義第一講によれば、民族を成立させる原因となる自然力の要素として挙げられているものは、血統、生活、言語、宗教、風俗習慣の五つであった。そして、孫文は「この五つの力は、自然の進化によって生まれるもので、武力で征服してえられるものではない」[30]と説いていた。然るに、戴季陶はこの五つの要素が歴史的過程で混合――強者が弱者を、大が小を吸収するという形で――するものであると考え、混合の回数が多ければ多いほど文化程度が高くなるとし、しかもその混合に当たっては「力」が結合の中核となることを強調している[31]。そして戴季陶は、理想とする「主義」が実現されるためには組織された軍事力が不可欠だと指摘するのであるが、このことが当時の国民革命の深化という現実的課題を意識して論じられたものであることは言うまでもないだろう。

然るに、「国家は武力で作られる」という原則があるにも拘らず、当時の中国では武力についての正当な理解が欠けていると考えられた。戦争と武力とは全ての社会的な力の表現であるが、それはあくまで目的ではなく手段であり、全部ではなく一部であるにも拘らず、中国人はそれを総じて罪悪視する傾向にあると言うのである。戴季陶はこれを中国思想界の最大の弱点であると指摘する。こうした弱点を克服するためのヒントは、日本の歴史的経験の中にあった。すなわち、「日本民族の歴史上の諸思想、および日本の維新の思想的根拠を眺めた場合、『武力』と『戦争』が建国の最も肝要な手段であることが、いっそう深く理解できる」[32]とされ、日本人は武力についての正しい理解を持っていたが故に、近代的国家を建設することができたと評価されるのである。それは、主義（＝道）に導かれた軍事力の成果であると見なされた[33]。ここに、中国の統一に向けて、日本の尚武精神が積極的に学ぶべき対象として強調されることとなったのである。

戴季陶によれば、日本の軍国主義化は必然的なものであった。彼の説くところに従えば、日本民族は「民族的宗教信仰」の下に統一された新興民族である。日本人が信仰したものは、男性万能の君主神権であり、武力中心の統帥政治であった。そして理論上は、日本の政権は「祭祀」を基礎とするものであったうえ、近代への突入段階での周囲の国際環境は劣悪を極めていた。そのため、日本が封建政治から脱した時、いきなり軍国主義的な近代帝国になったことは必然な成行きであったとされるのである[34]。その後、日本では議会が開設され、憲法も制定されたが、政権の重心は完全に軍事機関にあり、政権を操縦する主要な人物も全て軍人であった。その結果、日本では欧米型の政党政治が成立することはなかった。かくて、軍事を尊んだことによって、日本は近代国家となることができたが、他方においては軍閥政治の基礎を作り出すこととなったのである。そして、後に触れるように、その軍国主義自体が今や劣悪な方向へと転じ始めたと戴季陶は考えていたのである。

尚武精神に加えて、中国人に欠けたものに民族の自信力がある。これは、民族の生命とも言うべき統一性と独立性を育てる要素であり、日本と中国の強弱を分けているものはここにあると考えられた。中国人がこれまで革命を達成できず、逆に帝国主義列強が中国を思いのままに操ることができたのは、全てこの中国人の「不自信」の故であった。しかも、「中国人でありながら中国人としての自信がなく、寄らば大樹の蔭とばかり、外国人にしっぽを振るしか能がない[35]」という特質は、革命運動の中にも見られる。それは、ソ連とコミンテルンの「指導」という名の下の支配を許容している共産党の体質に現われていると見なされた。戴季陶の考えでは、一国の政治運動は他者に依存したものであってはならなかったのである。ここでは民族性という観点から論じられているものの、これは以前に彼が国共合作の形成に反対した時と同様の論理によるものであったことが理解される。

戴季陶が喝破するところでは、マルクス・レーニン主義は国際主義を標榜しながらも、ロシアでの革命は結局のところ民族主義的な形で成就されたものであった[36]。そうであるとすれば、ソ連は他の列強諸国と同様に帝国主義国家に変貌する可能性を持つものであり、そのような国家の指導に甘んじて従うことは亡国的精神の現われにほかならなかった。だが、そうは言っても、国家建設に当たっては外国からの支援は必要不可欠であるし、外国人顧問の活用も必要である。そこで戴季陶は、明治期の日本を手本として、中国も外国に主体的に接するべきであるとして次のように述べる。

こちらが外人顧問を使うのではなく、逆に外人顧問に使われるのでは、これは自殺行為に等しい。もっとつっこんでいえば、外人顧問を使いこなす能力を備えた政府をわれわれがつくりだし、この能力を備えた領袖をいただかぬかぎり、われわれの建設は、絶対に緒につかない。(37)

以上のような所説の中には、孫文に匹敵するような絶対的指導者の登場を待望する姿勢が窺えるのであるが、これは前節で触れたように、当時の国民党内における蔣介石の立場を想起させるものである。

さて、今後、国民革命を遂行するために中国人に必要なものは、革命に参加する人々が自己犠牲の精神を持つことである。先に述べたように、日本には武士道精神の素地があったために、維新を達成することができたと見なされた。戴季陶は『日本論』の後半部分においては、そうした精神を支えるものを「信仰」という言葉で表現する。この言葉は宗教に限定されたものではなく、むしろ「信念」の意味で用いられているのであるが、(38)戴季陶によれば、これは個人及び社会の進歩と団結にとっての最大の機能を果たすものであり、これもやはり日本人にはあって中国人にないものの一つであった。日本人は熱烈かつ真摯な信仰生活を送るが故に、生気溌剌たる不断の向上発展途上にあると言うのである。そして、「信仰とは計算ぬきのもの、計算不能のものであり、すこしでも計算がまじれば信仰は成立しない[39]」ものであるが故に、常に計算ずくな中国人には希薄なものであった。逆に、日本人は純粋かつ積極的、非打算的であって、日本人の犠牲的精神はこの信仰生活が作り上げたものであるとされたのである。

日本人には、死を以て愛情を遂げようとする伝統がある。戴季陶は、日本人が自殺、特に心中（情死）に豊富な生の意味を与えたことに、日本民族の信仰の真実性が現われていると見なす。中国人も同様に、一切の計算を捨て去ることによって、個体の生死の観念を脱却し、大衆の生死を重んじることが必要である。このような精神的な一大変革を経てこそ民族の戦闘力は増加し、国民革命の達成が可能となるとされるのである。逆に言えば、これまで革命が不徹底であったのは、イギリスや日本、そして中共の妨害工作にもその一因があったとは言え、最大の要因は自らの腐敗堕落した社会と、打算的な因襲にあったのである。

このように見て来れば、中国革命達成のために日本に学ぶべき点はただ一つ、その精神的側面にあったと言うことができる。既に、中国には三民主義という革命思想は存在し、そして蔣介石という革命政党の強力な指導者も存在した。依然として欠けているものは、革命を実行に移すための精神であった。戴季陶によれば、思想とは単なる机上の空論や無責任な子供の遊びではなく、生命の中心である。「思想は信仰に変わらなければ力とはなりえず、生命と合体しなければ信仰とはなりえない。信仰を卑しむ唯物史観では、人生の意義は理解できず、ましてや民族の生存の意義は解明できない」のである。[40]三民主義が偉大である理由はここにあると考えられたのである。

以上のことから、『日本論』の主題の一つが日本を鑑として、中国革命の達成を目指すことにあったことが理解されるであろう。だが、先にも触れたように、日本は現実政治の面においては軍国主義国家として中国革命の妨害者として存在する。然るに、戴季陶の目からすれば、日本の軍国主義の質はこの数年間のうちに大きく変化しているように見えた。それは具体的には桂太郎の死（一九一三年一〇月）を契機とするものであった。すなわち、彼の死を境として、日本の軍国主義が下り坂に向かったと見なされたのである。[41]

それでは、桂太郎の死と日本軍国主義の変質はどのような関係を有するのであろうか。戴季陶による同時代の人物評価がこの問題を解く鍵である。

戴季陶は『日本論』の中で、桂太郎を極めて高く評価している。それは、前章で触れたように、戴季陶が一九一三年春に日本で行なわれた孫文と桂の会談に通訳として同席し、この時彼ら二人が東方民族の復興を中心とする世界政策に基づいた日中提携論を唱えており、戴季陶もそうした主張に共鳴したことによるものであるとされる。[42]言わば、孫文の大アジア主義に通じるものがあったが故に評価されるのである。確かに当時既に、桂太郎の死が孫文及び日中両国にとっての損害であり一大不幸であったとする見方はあった。例えば、「若し桂公にして此世に在つたならば、支那革命事業が夙に一段落を告げたるは勿論、今日の如き日支両国葛藤の起るべき筈なく、両国親善の実挙りて、欧米人を羨望せしむることが出来たであらうに」[43]という宮崎滔天の記述はその最たるものである。戴季陶もほぼこれと同様の見方をしていることが理解される。同様の理由から、戴季陶は海軍の軍人であった秋山真之に対しても極めて好意的な見方をする。秋山が「激烈な南進論者であり、かつ英米排撃論者」であり、それが「まったく有色人種の復興を立脚点とするもの」であること、そして人類の平等を主張した点が高く評価されているのである[44]。

しかし、桂太郎に対する戴季陶の評価の客観性については問題があると言わざるを得ない[45]。「桂太郎という人物は、日本の近代の政治家中、もっとも洞察力のある一人である」とする評価はまだしも、「かれは、世界の大勢の推移と、東方諸国における革命潮流の勃興とに目を向け、軍国主義の政治組織および軍閥の政権がもはや先が短いことをさとった。そこでかれは、乾坤一擲、政党政治の基礎を築かんとして、民衆政治の渦中に身を投じたのである」[46]という評価には違和感を覚えざるを得ない。周知の如く、彼は首相在任期間には、対外的には韓国併合（一九一〇年）を行ない、対内的には大逆事件（同年）などによって社会主義者を弾圧した張本人であるからである。第一章で述べたように、戴季陶自身、これらの出来事については批判的な言説を残しており、また一九一二年末の時点では、「桂太郎は武人政治家である。その主張は大陸侵略主義であり、その性質は強情であり、その手段は悪辣である」[47]とする記述に現われているように、厳しい評価を下していたのである。

このような立場が、一九一三年の孫文との会談を境として一変したと見るべきなのであろうか。

むしろそれは、桂太郎の世界戦略への共感というよりも、一九二七年の特殊な政治状況に起因すると見るのが妥当であるだろう。すなわち、彼に対する過分な評価は、同年四月に発足した田中義一内閣への強い反発と対をなすものであったのである。それほど、戴季陶にとって田中内閣は中国革命の妨害者として認識されていたのである。

戴季陶によれば、田中義一の活動は桂太郎とは違って、「日本の伝統思想、伝統政策、伝統勢力に依存して自分の頭脳と才智のありたけを運用しただけ」であって、「政権を維持することしか眼中になく、政治的な理想など持ち合わせていなかった」[48]。要するに、田中は品性下劣な政治家であって、反革命＝反動の象徴であるとされたのであり、その対中国政策の力点は中国の統一を妨害することに置かれ、この数年間にわたる中国の混乱は例外なく彼の方針によるものであった。そして、田中こそは「第二のセルヴィアの中学生」となって、次の大戦のきっかけを作り出すであろうと予測するのである[49]。ここに至って、曾て孫文の時代に模索された日中両国の革命的連帯の道は完全に放棄されたことが理解される。

しかし、第一次山東出兵に見られるような当時の日本政府の侵略主義や反動性は、単に田中義一個人の資質に起因するものではない。その基盤には明らかに日本社会の変質が存在していると考えられた。それは尚武の精神の衰退である。尚武の精神とは、単に武を重んじるという一面的なものではなく、平和と互助の習性によって調和され、補われるものでなければ有効なものとはならない[50]。曾ての日本では、中国文化と仏教文化の普及によって尚武と尚文の融合が見られた。

しかし、近年に至ってそれらはいずれもが消滅の危機にあると言うのである。最近の日本社会の変貌——そしてそれは将来的な危機に繋がるであろう——について、戴季陶は次の三点を指摘する。

第一に、日本人の自信力が減少し、それにつれて社会及び民族の亀裂が拡大していることである。信仰が薄弱化し､逆に迷信がはびこっており､どの階級も尽く打算的な商業心理すなわち「町人根性」に支配されている。第二に、日本人の信仰心の減少は民族の美術性の破壊を生み出し、尚武精神と平和精神の低落へと繋がって来ている。第三に、美を愛する精神が破壊され、社会生活は平和を失い、人生の内容が次第に無味乾燥となっており、その結果、能動的尚武は受動的闘争へと変貌を遂げている。そして、社会組織の欠陥が拡大し、社会全体に革命的恐怖の空気が蔓延しているのである(51)。

以上の三点は、戴季陶が『日本論』の中で、武士道精神に象徴される日本民族の美点として評価したものとは対極に位置するものであって、紛れもなく日本のアジア侵略の背景をなすものと見なされている。彼が尚武精神の中に認めた美徳とは自己犠牲の精神であって、他者を害うようなものではなかった。翻って、田中義一に代表される最近の日本は、戴季陶が日本人の最も悪しき性格であると見なした町人根性の上に、武士道精神の外套を纏った存在にほかならなかったのである。

従って、当面の課題である国民革命の達成のためには、曾ての日本人の生気潑剌たる精神には学ぶべきではあっても、今やこうした体質に変化しつつある日本とは如何なる一致点も見出すことができないことは明らかであった。かくて、中国革命の過程において、内政面では日本は統一のモデルとして積極的に評価されつつも、対外面では否定的に捉えられるということが、『日本論』の最終的な結論であった。ここに我々は、日本の歴史と文化に対する戴季陶の評価が、現実の政治的課題と密接な関連を有していたことが理解されるのである。

それでは、今後の日本との関係はどのようなものであるべきなのか。五四時期の戴季陶は、将来の日本の社会主義的変革に日中両国の良好な関係の構築の可能性を見出していた。しかし、『日本論』の中ではもはや将来の可能性が論じられることはない。それは、八年間の時間を挟んだ戴季陶の思想的転換を反映するものであったことは言うまでもなく、孫文死後に新たな段階に入っていた国民革命の達成を優先させるという意図に基づいたものであったと考えられる。しかし、それと同時に——或いはそれ以上に——、彼が田中内閣の政策に代表される日本の侵略主義に対して曾てないほどの危機感を持つに至ったためであったと考えられる。侵略を旨とする日本の「伝統的政策」は、もはや放棄することは不可能となったばかりでなく、逆にここに至って強化されたと判断されたのである。その意味で、『日本論』は戴季陶の日本への最終的な絶望の表明であったと言うことができるのである。

北伐が完了を迎える頃、中国を訪問中の日本人教育家たちを前にして、戴季陶は次のように述べた。

今日、中日両国の間には中日親善という言葉があるが、これは両国間のあらゆる不親善の事実を余すところなく表わしているものである。もし、両国国民の間の親善を妨げる事実の原因を完全に除去しなければ、親善は絶対に不可能である。(52)

そして彼は、両国の親善のためには、日本人は先ず不平等条約の廃棄に努め、現在の誤った見方と行動を停止することが必要だと説いた。しかし、日本がそのような期待に添うことは殆ど想定されていなかったであろう。この後、「誤った見方と行動」は更に拡大することになるからである。

以上、本章においては『日本論』の内容を、戴季陶の思想転換と国民革命時期の政治状況との関連で検討して来た。筆者の見たところでは、『日本論』は儒家的伝統によって三民主義を解釈しようとする「戴季陶主義」を背景とするものであった。そのため、それは単なる日本の歴史的・文化的考察を目的とするものではなかった。そのことは、五四時期に執筆された「我が日本観」の書換えの跡から容易に看取することができるものであったのである。

確かに、『日本論』の前半部分は「我が日本観」を下敷きにしたものではあったが、明治維新を武士階級による代行革命と見なすように、曾ての唯物史観の色彩が払拭されたばかりでなく、歴史的に形成されて来た武士道精神が近代日本の発展の基礎になったとするように、日本人の精神性に高い評価を与えていることは、明らかに国民革命の新段階を視野に入れたものであったことが理解される。すなわち、そこには、国民党の排他的指導性と三民主義の信仰対象としての絶対化という意図が込められていたと考えられる。こうした点からして、戴季陶は決して時代の「傍観者」ではなかったのである。

『日本論』が「我が日本観」と大きく異なる点の一つは、日本の侵略に対する際立った危機感が表明されていることであった。戴季陶は以前から日本を軍国主義国家と見なしていたが、その危険度は今や大幅に増大したかに見えた。そのため、この段階では、以前の社会主義を支持していた時期に示された日中の革命的連帯の発想はもちろんのこと、孫文が曾て考案し戴季陶もまた支持していた、日本のアジア回帰を前提とした世界戦略＝大陸同盟説の痕跡すら見出すことができない。この段階では、日本は既に中国革命の敵以外の何者でもなかったのである。

以上のことから、『日本論』の中での「日本」の位置づけが二重構造になっていることが理解できる。すなわち、内政面では国家建設の精神的モデルとしてあり、外交面では克服すべき対象としてあるということである。そして、それらはいずれもが国民革命の最終段階の状況を反映するものであった。この意味において、この時期の戴季陶にとっての日本は愛憎半ばする存在であったのである。

【注】

(1)「致蔣介石書」(一九二五年一二月一三日)、陳天錫編『戴季陶先生文存』巻三、中央文物供応社、台北、一九五九年、九八五頁。
(2)戴季陶「本党最近的発展与党員最重要的工作講詞」(一九二六年一二月)、中国国民党中央党史編纂委員会編『革命先烈先進詩文選集』第四冊、中華民国各界紀念国父百年誕辰籌備委員会、台北、一九六五年、五二八頁。
(3)戴季陶「記民国一六年使日時事略」(一九四五年初冬)、陳天錫編『戴季陶先生文存』巻四、中央文物供応社、台北、一九五九年、一四三八～一四三九頁。
(4)同前、一四三九頁。戴季陶によれば、日本人の中には彼の説明に関心を持ってくれる人もいたが、陸軍関係者や黒竜会の人々は極めて非礼な態度を取ったと言うことである。
(5)戴季陶「国民党的独立是中国独立的基礎」(一九二七年五月)、『革命先烈先進詩文選集』第四冊、五三六、五四二頁。
(6)同前、五四二頁。
(7)この間の事情については、家近亮子『蔣介石と南京国民政府』(慶應義塾大学出版会、二〇〇二年)第三章を参照されたい。
(8)胡漢民「『日本論』序」、市川宏訳『日本論』、社会思想社、一九七二年、一八七頁。
(9)『日本論』、八頁。本章では引用に当たっては市川宏氏による邦訳を用いるが、同書には誤訳とは言えないものの、適切さを欠いた訳が幾つか見られる。例えば、「神道」と訳すべき所を原文通りに「神教」とし、また「天皇」とすべきところを「皇帝」とするが如きである。いずれ改訳される必要があるであろう。
(10)同前、一五頁。

(11)「我的日本観」、一九一九年八月一日、唐文権・桑兵編『戴季陶集』、華中師範大学出版社、武漢、一九九〇年、九二八頁。
(12)『日本論』、二一〜二四頁。
(13)第六章では全て「同胞観念」が「仁愛観念」に書換えられている。
(14)『日本論』、一九〜二〇頁。
(15)同前、二七頁。
(16)「我的日本観」、九三〇頁。
(17)『日本論』、二九頁。
(18)同前、二九〜三〇頁。
(19)「我的日本観」、九三〇頁。
(20)『日本論』、三〇頁。
(21)同前、三一頁。
(22)同前、三四頁。
(23)「我的日本観」、九三六頁。
(24)『日本論』、三八〜四〇頁。
(25)同前、四二頁。
(26)同前、五六頁。
(27)同前、六九頁。
(28)同前。
(29)同前、七四頁。これも「三民主義」の民族主義第一講からの引用であるが、戴季陶の引用は原文に忠実ではない。『日本論』にはこのような事例が散見される。

(30) 孫文「三民主義」、『孫中山全集』第九巻、中華書局、北京、一九八六年。山口一郎訳「三民主義」、伊地智善継・山口一郎監修『孫文選集』第一巻、社会思想社、一九八五年、二二五頁。
(31)『日本論』、七五～七六頁。ただし、戴季陶は、孫文も「救国の手段としては、やはりある程度の武力を備え、軍事活動を行なうほかないことに気がついていた」として、自説が孫文思想の延長であることを強調している。
(32) 同前、七八頁。
(33) なお、戴季陶は本文で「道」と軍事力の関連で孫文の文章を引用している。訳者の市川宏氏はこれを「北伐宣言」の一節としているが（七九頁）、同文には該当箇所はなく、「北上宣言」（一九二四年一一月一〇日）の誤りである。
(34)『日本論』、八一～八二頁。
(35) 同前、一二一頁。
(36) 同前、一二三頁。
(37) 同前、一二四頁。
(38) 竹内好「戴季陶の『日本論』」、同前、二四三頁。
(39)『日本論』、一四九頁。
(40) 同前、一五六頁。
(41) 同前、八六頁。
(42) 同前、九七頁。
(43) 宮崎滔天「桂太郎と孫逸仙　仲介役の秋山定輔」、宮崎龍介・小野川秀美編『宮崎滔天全集』第一巻、平凡社、一九七一年、五一〇頁。こうした言説には、戦前における日本のアジア主義の問題点が露呈されていると言うことができるであろう。

（44）『日本論』、一〇四頁。なお、秋山は第三革命に際しては、周辺の人物に孫文支援の必要性を説いており、実際に資金捻出にも関わったとも言われている（秋山真之会編『提督秋山真之』、岩波書店、一九三四年、一八三～一八四頁）。
（45）この点については、早くから関寛治氏によって疑義が出されていた（「座談会『日本論』をめぐって」、『日本論』、一九九頁）。そして、この問題を更に掘り下げようと試みたのが兪慰剛氏の「戴季陶の日本人論――『日本論』を中心にして」（『現代社会文化研究』第七号、一九九七年二月）であった。
（46）『日本論』、八五～八六頁。
（47）戴季陶「日本内閣辞職観」（一九一二年一二月五日）、桑兵・黄毅・唐文権編『戴季陶辛亥文集』、中文大学出版社、香港、一九九一年、一三〇九頁。
（48）『日本論』、一一三頁。
（49）同前、一四二頁。
（50）同前、一六七頁。
（51）同前、一七〇～一七一頁。
（52）戴季陶「日本人応該信仰三民主義」（一九二八年六、七月）、『革命先烈先進詩文選集』第四冊、五七四頁。

終章　満州事変と戴季陶

北伐完了後、一九二八年一〇月に南京国民政府が正式に成立すると、戴季陶は初代考試院院長に任じられ、規定の整備や各種考試の実施に関わった。他方において、彼は中山大学の校長を務めるなど教育や文化面で活躍していた。その戴季陶が、再び日本と関わりを持つようになるのは、三一年九月の満州事変勃発を契機としてであった。以下、この後数ヵ月の戴季陶の言動を追うことによって、彼の対日観と現実との接点について見て行くことにする。

九月一八日、すなわち関東軍が柳条湖の満鉄線爆破を契機として武力攻撃を開始した日、蔣介石は第三次囲剿戦を遂行すべく南昌に滞在中であった。翌日、国民党中央執行委員会は蔣介石に帰京を求める電報を送り、それを受けて南京に戻った蔣は二一日に国際連盟と不戦条約締結国に事変の処理を訴え、対内的には国内の団結を強化し、共に国難に対処することを訴えた。そしてこの日、中央政治会議の中に対日外交を処理するための臨時機関として特種外交委員会の設置が決定され、戴季陶が委員長に任じられたのである。

国民党内で日本問題を担当し得る人材としては、戴季陶は余人を以て換え難い存在であった。

彼は既に、次に世界大戦が起きるとすればその主人公は日本であり、しかもその戦争の導火線となるのが中国問題であるだろうと予測していた。(1) しかし、それが現実のものとなり、自らがその処理の中心人物になるとは考えていなかったであろう。これまで彼は、日本問題を論じながらも、そのような政策決定の場に加わることは一度もなかったからである。

満州事変勃発の二日後、戴季陶はある日本人と会見した際に、日本軍の速やかな撤退を要求し、もし日本が三日以内に撤兵しないならば、中国側には「満蒙ニ関スル日本トノ一切ノ条約ヲ廃棄スル」ことを内容とする「断乎タル覚悟」がある旨を述べた。(2) これが、事変についての彼の最初の言及である。しかし、この発言は公式のものではなく、また戦局についての具体的な分析を提示したものではなかった。

戴季陶の公式の発言としては、九月二一日に開催された「朱執信追悼会」における演説がある。彼はここで、「遼寧省の東西南北の地は全て日本軍によって占領され、河北と山東も同時に脅威の下にある。そして、遼寧にある兵工廠及び全ての行政機関、産業機関、文化機関、金融機関が占拠されている」(3) と述べていた。東北だけでなく、河北と山東も危機にあるとする戴季陶の認識は、『日本論』でも述べられていたように、渤海湾の確保が日本の大陸侵略の要になるだろうという以前からの考え——彼はこれを「さそり形政策」と呼んでいた——の延長線上にあり、この事件が短期間のうちに収束する性質のものではないことを見通してのものであった。

さて、特種外交委員会が正式に成立するのは九月三〇日のことであった。既に、外交部長の王正廷は職を辞しており、国民政府には外交責任者が不在の状態となっていた。戴季陶自身が記すところでは、この後数ヵ月にわたって「毎日午前七時に会議を開き、各種の報告を聴取し、公務を処理して、全ての方針を決定した。段取りの計画は全て会で処理され、文書や電報の原稿もこの時に共同で決定された。午後には各国の大使や公使と会見したが、それはしばしば真夜中にまで及んだ」(4)と言うことである。各国の外交官との頻繁な会見は、この事件を日中二国間の問題に限定させず、国際連盟の場に引きずり込んで国際化させることを目的としたものであって、それは前述した蔣介石の方針を受けたものであったと言える。

然るに、このように国際連盟を利用しようとする発想自体、国民革命時期の戴季陶の対外観からすれば大きな転換を示すものに見える。もはやここでは、国際連盟を帝国主義国家の総司令部とするが如き曾ての戦闘的な面影は窺えないのであるが、それは彼の思想的な変化を現わすことはもちろんのこと、それと同時に民族的危機に対応するための現実的な選択であったことも指摘しておくべきであろう。

事変発生直後から、日本政府は日中直接交渉による事態の解決という方針を提示していた。そして一〇月九日、日本政府は「五項目の大綱協定」を発表し、その第五項で日中両国はただちに、南満州鉄道と満州の中国官憲との間で、両国鉄道の協力ならびに破滅的な競争の回避、該地方の鉄道に関する既存の条約規定の実施について必要な協定を締結すべしとされ(5)、これによって直接交渉が日本軍撤兵の前提とされた。一〇月一三日、特種外交委員会は日本政府の方針を伝えられた蔣作賓の情報を基に討議を行なったが、多くの委員からは直接交渉に否定的な意見が出された。(6)この後、特種外交委員会は国際連盟が解決できない場合は、アメリカの介入によって対日制裁を求める旨の考えを表明していたが、当のアメリカは平和的解決を支持するに留まっていた。そのような中で、特種外交委員会は一七日、蔣介石の要請を受けて対日交渉に当たっての予備的大綱を決議した。その内容は以下のようなものであった。

我が方が取る手段は、自らの利権を保全することのほかに、（一）国際的支持を失わず、（二）日本の軍閥を極端に走らせないようにすることが必要で、当面は以下の六項目を原則とする。①日本は国際連盟監視の下に撤兵する。②中日間の将来の交渉は国際連盟の配慮の下で行なう。③（交渉の）場所はジュネーブ或いは国際連盟が適切と認めた所で行なう。④今後の交渉は国際条約が定める原則の下で行なうべきものとし、以下の三点には違反してはならない。［甲］中国の独立主権、領土の保全、主権の保全、［乙］門戸開放、機会均等、［丙］極東の平和の促進、武力によって国策を遂行してはならない。⑤日本はこの度の出兵の責任を負わなければならない。⑥日本の如何なる提案に対しても、我が方は修正と別途提案する権利を留保する。(7)

こうした決議に戴季陶個人の見解が反映されていたと仮定すれば、④に記された項目からは

「九ヵ国条約」署名国であるアメリカをどうにか取り込んで、事態を解決して行こうとする姿勢が窺えるであろう。

一〇月二一日、戴季陶は特種外交委員会において対日交渉問題に関する報告を行なった。ここでは、九日に発せられた日本の「五項目の大綱協定」に対する反駁がなされ、就中、第五項については、それぞれの問題は逐一提出されるべきであるとし、問題の性質と歴史的経緯についての研究を行ない、それぞれ個別に解決されるべきであるとされ、日本の早期撤兵こそが優先されるべきことであると指摘された。そして、これより前にフランス外相ブリアンが三週間以内の日本軍撤退を主張したのに対して、戴季陶は一〇日間に期限を区切るべきであるとして次のように述べた。

中国は国際平和の保持のために長い間忍耐を続けて来た。全国民の感情は憤激しており、ある時期になればもはや忍耐は不可能となるかも知れない。そのため、早い解決が望まれるのである。(8)

確かに、満州事変発生当初から国民の中の反日感情は高まっており、しかもそれは南京の大学生らによる王正廷殴打事件（九月二八日）に現われるように、批判の矛先が政府にも向けられつつあり、当局者はその抑制に腐心していたところであった。戴季陶もそうした空気を感じ取っていたのであるが、彼としては以前からの姿勢と同様、国民的な運動によって帝国主義と直接的に対決することは、是が非でも避けなければならないものであったのである。

他方において、戴季陶は蔣作賓駐日公使からの報告を引いて、日本では和戦両派が対立しているとし、「現在、南陸相を除いて大部分の人は和平を主張しており、両者は激しく対立している」と述べていた。(9) このことを以て、戴季陶が、不拡大を唱える日本政府が或いは軍部を抑制することができ、日本軍が早期に撤退するのではないかという期待を抱いていたとする見方もある。(10) しかし、戴季陶は事変勃発直後から日本の侵攻の拡大を予測していたのであり、またこの報告書を総合的に判断すれば、彼が決して日本の国内情勢について楽観的な見通しを持っていたのではないことが理解される。果たして、日本政府はこの直後に、一一月一六日までに日本軍は付属地に撤退すべしとする国際連盟の決議案を拒絶したのである。

一〇月二六日、若槻内閣は満州事変に関する第二次声明を発表し、「日中平常関係確立ノ基礎的大綱」の五項目を正式に公表した。これによって、事変勃発後の問題の優先的解決が可能となると考える人々の間には、再び日中間直接交渉に期待を抱く傾向が生じるに至った。しかし、それはあくまでも少数派の意見であって、国民政府指導部の主流は、その軍事的劣勢についての認識とは裏腹に、外交的には非妥協的な姿勢で貫かれており、日本の五項目を全面的に拒否したのである。(11)

このような流れの中で、一一月に入ると、特種外交委員会は対日方針を検討し、「日本軍が完全に撤退する前には日本側とは如何なる接触もしない、また将来撤退した後どのように交渉を始めるか、その手続きはどのようにするかといった問題などについても先に意見を表明しない。他の間接的な方法によってその撤兵を促進する」[12]という方針を決定した。しかし、四日に日本軍が嫩江を攻撃し戦局に大きな変化が生じると、一時南京政府は国際連盟理事会の提案に従って経済問題に限定して直接交渉に応じる姿勢を示すものの、一九日のチチハル占領によって再び拒絶の方針に転じることになる。

以上のような状況の中で、戴季陶は中央政治会議に対して報告書を提出した。ここには、当時の彼の意見が集約的に表明されている。ここで先ず、戴季陶は「日本の軍事政策は東三省を完全に占領するという目的を達成するまで終了しない」と判断する。そして、日本が中国各地で起こした事件は、全て北平の軍政を破ることを主眼としたものであって、もしこれに政府が反応して軍事行動を開始すれば、日本は軍事力と在留日本人の活動によって、様々な手段を利用して長江一帯を混乱に陥らせ、中国の金融の基礎を破壊して首都を脅かすに至るであろうと予測する。中国側の反撃は、アヘン戦争の二の舞を引き起こすだろうと考えられたのである[13]。

それでは、中国が取るべき道は如何なるものか。対外的方策として、戴季陶は以下の三つを提示する。すなわち、第一には中国はどのようなことがあっても先に日本に宣戦布告してはならないこと、第二には全力を以て各国の中国に対する支持を確保すること、そして第三には、実際の利害を考慮しながらも、万やむを得ない時点に至ったら軍事的に犠牲を出すことも厭わないが、その場合には十分な対価を得られるように努めなければならないこと、である。[14]

各国の支持を確保するためには、国際連盟への働きかけが重要となって来る。しかし事変発生以後、日本は国際連盟を完全に無視する形で軍事行動を進めて来た。そのため、戴季陶は「国際連盟が如何なる有効な制裁を行なうこともできず、既にその努力は尽きたかに見える」[15]とする一方で次のように述べる。

現在、中国政府は国際連盟を完全に信頼する意思をできるだけ表明することが必要であり、手を尽くして時局が一層危険な状態に向かっていることを示し、国際連盟が責任を全うすることができず、有効な制裁方法を取ろうとせず、日本軍がますます憚るところがなくなれば、その権威はますます失われるということを示すべきである。[16]

これについては、国際連盟の役割には殆ど期待が持てないが、一応「期待感」を表明すると言っているに等しいとして、政府の無抵抗の口実作りであるとする見方もある。[17]しかし、戴季陶自身の説明に従えば、和戦のいずれしかないとするが如き二者択一的な対応は国際組織や国際条約が存在する前の発想であって、今日においてはそれらに則るのが当然の選択であるとされたのである。[18]

先に触れたように、特種外交委員会からは紛争解決に向けてアメリカの介入を期待する意見が示されていた。これに対して、アメリカは平和的解決を支持するだけで積極的に動こうとはしなかった。しかし、戴季陶は一一月の報告書の中で、「アメリカは今に至るまで意見の表明を避けているが、将来に必要な時には九ヵ国条約を運用して、日本に対して有力な制止を行なう可能性がある」(19)と指摘し、更には錦州が攻撃を受けた一二月になっても同様の期待感を表明していた。(20)結局、アメリカは日本の制裁については最後まで消極的であり、翌年の一月になってスティムソン・ドクトリンを発して征服の不承認を宣言するに留まったのである。こうしたことは、戴季陶の期待と現実との乖離を示すものであったと言えよう。

以上のように、満州事変を国際政治の中で処理することと並んで、戴季陶が重視したことは内政の安定であった。一一月の報告の中でも、政府に対する人民の信頼感を高める必要性が指摘されていたところであるが、翌一二月の中央党部での講演でも戴季陶は次のように述べていた。

他の国ではこのような環境（被侵略状態――引用者）においては、必ず二つの要素が容易に成立するものである。すなわち、第一に、他の国家の国民はこの極めて困難な環境の中で、些かの考えも入れず、何の躊躇もなく挙国一致して共に国難を処理する道に進み、努力奮闘するだろう。そして第二には、この国家危急存亡の秋に当たって、一般国民は本国の建国精神主義に対して、何を考えることもなく、これが国家の生命と民族の生存を保障する最も根本的な力であることを知り、みなが懸命になって前進し、この力を用いることを決心するのであって、別の方途を求めないのである。[21]

戴季陶がここで「本国の建国精神主義」というのは明らかに三民主義を指している。全ての国民が三民主義を信奉し、その思想の下に一致団結することによって外敵に立ち向かうことができるというのである。

戴季陶がこのように国民の団結を強調しなければならなかったことは、それほど当時においては政府の対応策に対する鋭い反対意見があったことを物語っている。彼によれば、事変発生以来七、八〇日間にわたって、同志の心は完全に分散しており、団結を図ろうとしてもそれが実現できない状況にあったのである。[22] これが広東の反蔣介石グループを指していたことは言うまでもなく、抗戦を主張する学生たちもまた批判の対象となっていたと考えられる。ともあれ、このように内部の団結を訴える戴季陶の姿は、日本帝国主義の侵略に対して内政の整理の優先を説いていた一九一〇年代の彼と完全にオーバーラップするものがある。そして、団結の基礎が思想的統一にあるとする姿勢は、国民革命時期の延長線上にあったのである。

一九三一年一二月二一日、戴季陶は特種外交委員会委員長の職を辞し郷里に戻った。このことは、国際連盟が数度にわたって決議を行なったことから、委員会が既にその役目を終えたという認識を彼が持っていたためでもあるが、[23] それと同時に、この一週間ほど前に蔣介石が下野したことにも関連していたのであろう。その後、蔣介石に批判的な立場を取っていた広東派の孫科が南京政府に復帰し、行政院院長に就任する。そして、翌年一月二七日、特種外交委員会に代わって外交委員会が成立することになるのである。

この間の戴季陶の言説を振り返ってみて特徴的であったことは、満州事変を国際連盟及びアメリカの介入によって処理しようとしたこと、そして直接的な抵抗よりも内政的安定を優先したことである。彼は事変発生前から日本の軍事的侵略の危険性を十分に認識していた。そうであるが故に、直接的な抵抗を回避しなければならないという認識が生じたとも言えるだろう。そして、それは蔣介石の対日方針（＝安内攘外）と共通するものでもあった。だが、戴季陶の直接的対決を避ける姿勢を以て、不抵抗主義であるとか反民族主義的であると見なすことは、余りにも一面的な見方であると言わざるを得ない。例えば、事変勃発の約一年前に書かれた文章に次のような一節がある。

日本が将来中国の良き友となり得るか否かは、中国人が自強に努めることにかかっている。中国が自ら奮い立ち、文化を復興し、富強で安楽かつ崇高偉大な民国を作り上げることができれば、日本人は中国人の服を着て、中国人の言葉を話し、中国人のような行ないをするのであって、彼らはただに良き友であるだけではなく、正に中国人になるのである。(24)

ここには、際立った民族主義的な傾向が窺え、その方途が「自強」を通じてのものであったことが理解されるのである。これを妥協主義の方便であると批判することは易しい。しかし、戴季陶の立場からすれば、圧倒的な軍事力を誇る日本との直接的な対決は一時の感情に任せた乾坤一擲の大博打以外の何物でもなかったであろう。それは、政策決定に関わる責任ある立場の者がなし得る判断ではなかったのである。

それでは、以上のことを以て、特種外交委員会時期の戴季陶は、前章で見た『日本論』における立場から後退したと言えるのであろうか。「後退した」とする見方からは、次のような説明がなされる。すなわち、戴季陶は内外の複雑な情勢の中で、「民族の利益と、党派の利益、集団の利益との間で選択を行なわなければならなかったが、後二者の拘束を受け過ぎたため、その傑出した思想は現実を指導することができなかったのである」[25]と。

しかし、国民革命の最終段階を意識して書かれた『日本論』の内容が、そのまま国民政府の対日政策に反映されると想定すること自体に問題があると言わなければならない。以前のように、日本を国家建設の精神的モデルとする側面が、この時期に至って後退するのは当然のことであったからである。だが、今それを敢えて直線的に結びつけて再考してみるなら、戴季陶の思想には運動論的な視座は本来欠落しており、また帝国主義に反対する立場を取りながらも直接的に対決して行こうとする姿勢は見られなかった。それが、彼の「民族主義」の特徴であったのである。従って、現実の民族的危機回避に向けての選択がこの枠の中でなされようとしたことは自然の成行きであったと考えられるのである。

最後に、戴季陶の対日観の心情的な部分について触れておくことにしよう。彼はこの時期、日本は中国の仇であるが、ロシアは永遠の敵であると述べていた[26]。曾て戴季陶と共に特種外交委員会のメンバーだった人物が記すところによれば、これは『春秋左氏伝』にある「佳耦曰妃、怨耦曰仇」（良き連れ合いを妃といい、悪しき連れ合いを仇という）の二句から取ったものだと言われる。そして、日本は中国と同種で、中国文化を受け入れて来たので、両国は自然に互助協力、共存共栄すべき関係にあるが、不幸にして日本は軍閥の指導の下に侵略の道をひた走った。日本が侵略する以上、中国は抵抗しなければならないが、それは恰も夫婦が反目しているようなものである。しかし、両国の間に共通するものがある限り、戦争が終息すれば両国関係は良好なものとなるはずだとされるのである[27]。

もし、こうした説明が真意を伝えているのなら、戴季陶は依然として日本に対して一抹の愛着を感じていたものとも推察される。しかし、現状が「仇」である限りは個人的な感情も抑えなければならなかった。そのことは、満州事変勃発の後、戴季陶が萱野長知ら旧知の日本人たちとの友情も捨てて会見に応じようとはしなかったことにも現われているのである[28]。国民革命から日中戦争へという推移を経て、中国にとっての日本は共に天を戴き得ぬ存在になっていたのである。

特種外交委員会解散後の戴季陶は、考試院院長の職務を遂行する一方、仏教を通じてチベットやインドとの交流にも携わったが、日本問題と直接関わったり専門的な著作を著わすことはなかった。国内で抗日の気運が高まりを見せる中でも、彼の政治的関心は主として党と国家の団結

1943年重慶における蔣介石（前列中央）と戴季陶（前列右から２人目）

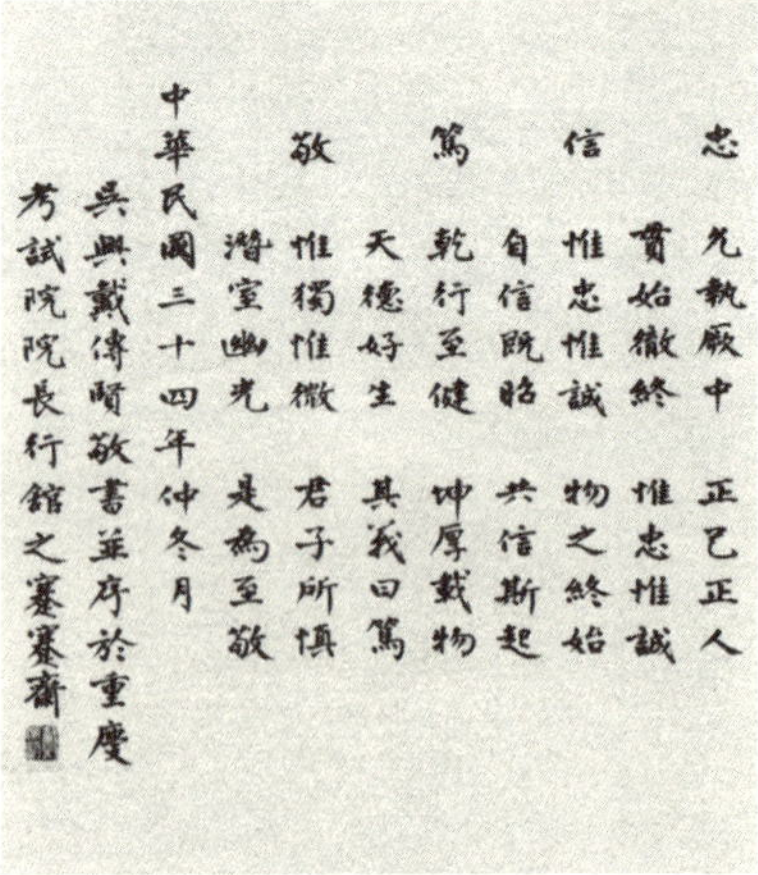

忠
允執厥中　正己正人
貫始徹終　惟忠惟誠
信
惟忠惟誠　物之終始
自信既昭　共信斯起
篤
乾行至健　坤厚載物
天德好生　其義曰篤
敬
惟獨惟微　君子所慎
潛室幽光　是為至敬
中華民國三十四年仲冬月
吳興戴傳賢敬書並序於重慶
考試院院長行館之蹇蹇齋

戴季陶手書

に向けられ、西安事変の際にも張学良らの武力討伐を主張して、平和的解決を唱える宋美齢らと対立するほどであった。一九四五年八月、日本が降伏した報せを聞いた日も、戴季陶にはさほどの喜びの表情もなかったと言う。彼にとっては、むしろ共産主義者の跋扈の方が中国に禍をもたらすものと考えられたのである。

一九四六年、戴季陶は次のような日本を詠んだ一編の詩を著わしている。[29]

哀日本（日本を哀れむ）

三百年来努力　　三百年この方努力して
学風定於晦庵　　学風は朱子に定まっていたが
長崎一興蘭学　　長崎に蘭学がおこってから
全国遂起不安　　全国は不安動揺しはじめた
尊王攘夷自大　　尊王攘夷は自大であり
開国進取争先　　開国進取はわれがちであった
一挙而滅琉球　　まず兵をおこして琉球を滅ぼし
再挙而制朝鮮　　ふたたび兵を出して朝鮮を滅ぼし
三挙而勝察汗　　三たび兵を派してロシアに勝ち
四挙而侵中原　　四たび兵をつかわして中国を侵した

交隣不遵古教　隣国との交際に当たって古来の教えにそむき
学風不継当年　学風は往年とは切れてしまった
三毒十悪既満　数々の悪行が重なった上に
九横八難自全　禍難は逃れようもなく待ち構えている
千年長崎旧港　千年の歴史ある長崎の港だが
一弾尽化灰煙　原子爆弾によってすべては煙となってしまった
可知立国有道　国のタテマエには道が大事なのに
富強不在覇権　富強は覇権に存在しないということは明らかだ
可惜王仁教化　残念ながら王仁が教化したけれども
後代忘仁自殲　後世、忘仁によって自滅してしまった
東望不勝太息　東の方をながめて歎息にたえない
哀哉海上三山　かなしきかな、海によこたわる日本列島

近代日本の勃興から衰退までを描き出したこの詩は、決して文学的評価に堪え得るような作品ではないが、ここには当時における戴季陶の心情の一端が現われているように思われる。すなわち、ここには抗日戦争勝利の喜びは微塵のほども窺うことはできず、むしろ日本を冷たく突き放したかのような印象を与えるものがある。筆者の目からすれば、この詩は、あたかも仁を忘れた

が故に自滅して果てた「怨耦」への挽歌であるかのように映るのである。

戴季陶の死から数ヵ月を経た後、中国共産党が政権を掌握した。彼の不安は遂に現実のものとなったのである。そして、一度は「以徳報怨」を掲げる蔣介石を好しとした日本は、四半世紀の後にその敵対政権を正統と見なすに至った。しかしその後、国際環境と国内政治の大きな変動を経たにも拘らず、日中両国が真の「佳耦」となったとは言い難く、そしてその将来の道のりも決して平坦であるようには思えない。右の詩にある、「知るべし、立国に道有り、富強は覇権に在らざるを」という一節は、今後日本だけに留まらず、双方にとっても鑑とすべきものであると言えよう。

【注】

（1）戴季陶「世界戦争与中国序」（一九三〇年一月一五日）、陳天錫編『戴季陶先生文存』巻一、中央文物供応社、台北、一九五九年、三七〇頁。

（2）「日本軍の即時撤兵を要求する戴天仇の談話について」（一九三一年九月二〇日）、外務省編『日本外交文書　満州事変』第一巻第二冊、三〇四頁。

（3）戴季陶「先烈朱執信先生殉国紀念大会」（一九三一年九月二一日）、中国国民党中央執行委員会秘書処『中央党務月刊』第三八期（一九三一年九月）、復刻版、二〇七〇〜二〇七一頁。

（4）戴季陶「題民国二十年外交三文件」、『戴季陶先生文存』巻一、三八〇頁。

（5）「日本軍の撤兵前に根本的大綱の協議を先決とする方針について」（一九三一年一〇月九日）、『日本外

交文書　満州事変』第一巻第二冊、三三六頁。
(6)「顧維鈞等致張学良電稿」(一九三一年一〇月一三日)、中国第二歴史檔案館「九一八事変後顧維鈞等致張学良密電選」、『民国檔案』一九八五年第一期、一〇～一一頁。
(7)「中央政治会議特種外交委員会第十六次会議紀事」、秦孝儀編『中華民国重要史料初編――対日戦争時期　緒編』一、中央文物供応社、台北、一九八一年、二九六頁。
(8)「戴伝賢在於特種外交委員会対日交渉弁法報告」、羅家倫編『革命文献』第三五輯、中央文物供応社、台北、一九七八年、一二二二頁。
(9)同前、一二二三頁。
(10)兪辛焞『満洲事変期の中日外交史研究』、東方書店、一九八六年、二一一頁。
(11)鹿錫俊「『直接交渉』問題を巡る日中間の対応(一九三一～一九三二年)」、衞藤瀋吉編『共生から敵対へ　第四回日中関係史国際シンポジウム論文集』、東方書店、二〇〇〇年、二七八～二七九頁。
(12)「顧維鈞致張学良電稿」(一九三一年一一月二日)、『民国檔案』一九八五年第一期、二〇頁。
(13)戴季陶「任特種外交委員会委員長時上中央政治会議報告」(一九三一年一一月)、『戴季陶先生文存』巻一、三七三頁。
(14)同前、三七四頁。
(15)同前、三七三頁。
(16)同前、三七四頁。
(17)賀淵「戴季陶的日本観(一九一〇～一九三一)」、『近代日中関係史研究の課題と方法――梅屋庄吉とその時代――報告集』、梅屋庄吉関係資料研究会、一九九九年、四五頁。
(18)「戴伝賢為述中央外交方針覆某君電」(一九三一年一二月)、『革命文献』第三五輯、一二七八頁。
(19)「任特種外交委員会委員長時上中央政治会議報告」、三七三～三七四頁。

(20)「中央政治会議特種外交委員会第五十九次会議紀録」、『革命文献』第三五輯、一二七七頁。
(21) 戴季陶「民国明日的希望」(一九三一年一二月一四日)、『中央党務月刊』第四一期、一九三一年一二月、二八三五頁。
(22) 同前。
(23) 同前、二八三六頁。
(24) 戴季陶「中日俄三民族之関係」(一九三〇年一〇月一〇日)、『戴季陶先生文存』巻一、三七二頁。
(25) 賀淵「戴季陶的日本観(一九一〇～一九三一)」、四六頁。
(26)「中日俄三民族之関係」、三七二頁。
(27) 程天放「季陶先生与対日外交」、陳天錫編『戴季陶先生文存』三続編、中国国民党中央委員会党史史料編纂委員会、台北、一九七一年、三三五頁。
(28) 陳天錫『戴季陶先生的生平』、台湾商務印書館、台北、一九六八年、五七七頁。
(29) 陳天錫編『戴季陶先生文存』巻四、中央文物供応社、台北、一九五九年、一四四九頁。訳文は邦訳『日本論』所収のものを参考にした(市川宏訳『日本論』、社会思想社、一九七二年、二一〇～二一一頁)。

〈付録〉我が日本観

戴季陶 著

嵯峨隆 訳

＊原題「我的日本観」。初出『建設』第一巻第一号（一九一九年八月一日）。署名は季陶。本論で述べたように、この論説は『日本論』の前半部分の基礎となるものである。訳出に当たっては、『建設』（影印版、人民出版社、北京、一九八〇年）を底本とし、併せて唐文権・桑兵編『戴季陶集』（華中師範大学出版社、武漢、一九九〇年）をも参照した。原文の誤植などは、全て後者の修正に従った。なお、括弧内の補充及び注は、特に断りのない限り訳者によるものである。

目次

（一）

中国から日本に留学した人はかなり多い。正確な数字ははっきりしないが、大体少なく見積もっても五万人はいるはずである。この五万人の留学生である彼らは、「日本」というテーマについて、どのような研究をしたであろうか。私は、本や新聞、雑誌では見たことがない。私自身も、この「テーマ」については何ら体系的な研究を行なったことはない。一昨年、『民国日報』紙上に四〇日にわたって文章を連載したことがあるが、[2] それは日本の最近の政局と、十年来の日本が提唱していた「親善政策」なるものを批判したものに過ぎず、「日本」というテーマを離れること、遥かに遠いものであった。しかし、私は一つの願望を抱いていた。それは「日本」というテーマを、私の思索と批判能力によって、中国人の面前にきちんと腑分けして、一糸乱れぬ形で提示したいということであった。しかし、意欲あって力及ばずで、古代研究の方面では日本書をあまり読んでおらず、日本の古い文献を研究する力など私には十分備わっていないのである。それでは、近代研究の分野ではどうかと言えば、私はやはりこれまで、しっかりとその社会の内面に入り込んで、仔細に考察を行なったことはない。そのため、日本を論評した価値ある本を書こうと思っても、それは今の私にできることではない。ただ、十数年にわたって、感覚的で断片的な観察は多少なりとも行なって来ている。現在、多くの人が日本を恨みに思い、罵倒している時でもあり、或いはみなが知りたいと願うところかも知れないので、しばしそのあらましを述べて行くことにしよう。

試みに、日本の書店に行って、日本人が中国について書いた本がどれくらいあるか見てみるがよい。哲学、文学、芸術、政治、経済、社会、歴史、地理の各方面、部門のものが数百種にも上る。毎月、雑誌に掲載される「中国問題」を論じた文章は数百編ある。参謀部、陸軍省、海軍軍司令部、海軍省、農商務省、外務省、各団体、各企業から中国に派遣されて長期滞在して調査に携わった人、或いは視察旅行を行なった人は、毎年数千人にも上る。日本人は「中国」というこのテーマを、解剖台に乗せて、何百回何千回となく解剖し、そして試験管に入れて何百回何千回となく実験したことか。ところが、我々中国人は逆に、ただ一途に排斥し反対するだけで、殆ど日本の文章を読もうともせず、日本語を聞こうともせず、日本人を見ようともしない有様である。これは全く、「思想における鎖国」、「知識における義和団」と言うも同然である。

以前、私が日本で勉強していた頃、次のようなことがあったことを覚えている。何人かの同学の友人がいたのだが、彼らはみな日本文や日本語を勉強したくないと言うのである。彼らにその理由を聞くと、その答えには概ね二種類あった。一つは、英語なら学んで帰国しても役に立つが、日本文と日本語は役に立たない、というものであった。今一つは、日本自体が何の研究の価値もなく、それは中国、インド、ヨーロッパから輸入した文明を除けば何もないため、研究に値しない、というものであった。この二種類の考えについて、私は、前者は「実利主義」の弊害に、後者は「自大思想」の弊害に陥ったものだと思う。何とも誤った了見ではないか。

私は、中国人に対して、今後は確実な形で日本研究を行なうことを勧めたい。彼らの性格はどのようなものであるのか、思想はどのようなものであるのか、風俗習慣はどのようなものであるのか、国家と社会の基礎はどこにあるのか、生活の根拠はどこにあるのか、彼らの過去はどのようなものであるのか。日本の過去がどのようなものであるかを知って初めて、その現在がどこから来たのかを理解することができる。その現在の真の姿を知って初めて、その将来の趨勢を推測することができるのである。古くからの言葉で言えば、「己を知り彼を知れば、百戦して百勝す」[3]ということである。日本と良い関係を願おうがそうでなかろうが、結局のところ日本を知らなければならないのである。

日本についての私の見方が間違っているかどうかは、また別の問題である。しかし私は、多くの人が私の誤りを批評してくれることを希望している。

（二）

日本人にはもともと一つの迷信があって、それは彼らの国体が神によって作られたというもので、世界で他に例を見ないものだとするのである。天皇[4]は神の直系の子孫であって、それ故「万世一系、天壌無窮」だと言うのである。ヨーロッパの科学思想が日本に入り込んだ後、科学者たちは次第に迷信から離れて行った。しかし、学者の中には、現在でもまだ迷信に頼って生活している人がいる。以前、私の先生で、筧克彦という国法学の専門家がいた[5]。彼の学問は確かに極めて広く深かった。しかも、以前、彼が私たちに憲法を講義していた頃は、彼の思想は確かに進歩的であった。しかし、後に徐々に迷信の方に近づき始め、近年の著作は、殆ど神話に近いものとなっている。聞くところでは、彼は法科大学の講義室に入ると、開講に当たって、目を閉じて手を合わせ、自分の幻想の中にいる「祖先神」に敬意を表わし、講義が終わってからもまた同じことを繰り返すということである。詳しく調べてみると、何と彼の祖父は神社の神主であって、彼のこうした迷信は、そこから来ていたのである。また、満蒙の侵略と中国の併呑を主張する、内田良平という人物がいるが、彼の父もまた神主である。このほか、陸海軍の軍人の中には、「神権」や「神国」などという低水準の伝説を迷信しているものが、どれほどいるか分からない。表面だけを見れば、日本で最も盛んな宗教は仏教であるかのように見えるが、実は日本の支配階級の宗教は神道[6]である。仏教の僧侶にも、神道を否定しようとするものはいなかった。日本人は、彼らの国家が世界に比類のない国家であり、彼らの皇室は世界に比類のない支配者であって、彼らの民族は世界で最も優秀な「神選民族」であると迷信している。こうした思想は、全て神道の信仰から生じたものなのである。筧克彦博士は次のように述べている。「日本の国体は、万国無比の模範的な国体であって、いつになっても、国体を破壊するものが現われることは絶対にない。日本の国体の精華、これすなわち古来の神道である。日本国家の権力、これすなわち神道唯一信仰の現われである。天皇、これすなわち最高の神の現われである。神を愛し、神を敬い、神に帰依し、神によって現わされる神の力、これすなわち天皇の大権なのである」[7]。こうした思想は、もちろん筧博士自身が作り上げたものではないが、新しい法学者の中では、彼は国粋の迷信者であると言うことができる。

上に述べたような迷信と伝説は、言うまでもなく、日本に文字ができる前に発生したものである。中国文化とインド文化が日本に入ってから、外来の制度文物が日本文化の基礎となった。日本の国民は、釈迦に帰依するのでなければ、孔子を尊敬するようになった。後に、次第に文明が発達し、国家の力もまた強大になってきた。豊臣秀吉が国内の群雄を平定し、朝鮮を打ち破ると、日本の軍事的成功は頂点に達した。徳川氏が豊臣氏の覇権を継いだ後、日本民族の自尊的傾向が勃然と生じるに至った。こうした自尊心の高まりの中から、山鹿素行という有名な学者が現われ、純日本式の学派を作り上げた。この純日本式の学派は、「神国」「君主神権」を迷信するものであった。山鹿氏の著作である『中朝事実』の中には、彼の思想的根拠が十分に示されている[8]。

それでは、そうした伝説とはどのようなものであろうか。当然のことであるが、それは中国で言えば、孔子とは縁もゆかりもない「盤古王、天地を開く」「女媧氏、石を練り天を補う」という類のものである[9]。私はここで、日本の『古事記』にある天地開闢の一節を訳出しておこう。これによって、ほかの伝説の内容もほぼ類推することができるであろう。

天の神は、伊邪那岐命《いざなぎのみこと》、伊邪那美命《いざなみのみこと》の二柱の神に、「この漂える国をつくり固めよ」と詔を下し、

「天《あめ》の沼矛《ぬぼこ》」を賜わった。この二柱の神は、詔を受けて、天の浮橋に立ち、「天の沼矛」で下の海水をかき回した。矛を引き上げると、その先から海水が滴り落ち、それが積もって島となった。その島を淤能碁呂《おのごろ》島という(10)。

多くの学者が指摘するところでは、この伝説は男女の生殖の観念から生じたものである。天の沼矛が男性の生殖器の象徴であることは間違いない。

（三）

中国は孔子の時代に、伝説についての迷信は崩れ去り、それによって君主神権の思想も崩れ去り、平民思想が盛んになって来た。日本は現代になっても、まだ完全には君主神権の迷信から脱却していない。近代文明について見てみるなら、日本の思想はもちろん中国と比べれば随分進歩しているが、ヨーロッパから伝わった科学文明を除けば、日本の固有の思想は実に幼稚と言わざるを得ない。

この神権思想なるものは、天皇の大権と宝位が天上の神から伝えられたとするもので、日本の支配階級を殆ど支配しているものである。それは、ドイツのカイゼルが自分を天使であるとし、ドイツ民族が天によって選ばれたと説くのと同様に荒唐無稽なものである。軍人と貴族もまた、同様の伝説を迷信している。一部には、理想や知識において、こうした観念を打破したものがいない訳ではないが、階級的特権を維持するためにはこうした神話が嘘であるなどとは決して言おうとはしない。しかも、封建時代から生きて来た、現在七、八〇歳になる老人たちは、その頭の中に詰めこまれているのは封建時代の話だけしかないのであるから、彼らにこうした迷信以外に自分たちの個性や考え方がないのは当然のことなのである。

神権思想は日本人の国家観念の根源である。中世の時代になって、中国の儒家思想とインドの思想が優勢な力となり、神権思想は次第に後退して行った。後に、日本人の中国文明を咀嚼し消化する力が増加し始め、中国とインドの文明を合わせて一つの日本独自の文明を作り上げたが、ここで再び神権思想の迷信が勃興したのである。日本の明治維新は、とりもなおさず神権思想の時代への適応であって、そのため彼らは王政復古と自称するのである。その王政復古を唱える学者は、全て山鹿素行の流れを汲む古学派に属していた。また、吉田松陰の著作を詳細に読んでみると、日本維新史の「精神的意味」がどこにあったかが理解される。『坐獄日録』には、次のような一節がある。

抑々《そもそも》皇統綿々千万世に伝はりて変易なきこと偶然に非ずして、即ち皇道の基本亦爰《ここ》にあるなり。蓋し天照皇大神の神器を天孫瓊々杵尊《ににぎのみこと》に伝へ給へるや、「宝祚《あまつひつぎ》の隆《さか》えまさんこと、天壌《あめつち》と窮りなかるべし」の御誓あり。されば漢土・天竺の臣道は吾れ知らず、皇国に於ては宝祚素《もと》より無窮なれば、臣道も亦無窮なること深く思を留むべし。[11]

吉田松陰と同時代の有名な学者に藤田東湖という人がいるが、彼の思想的系譜もまた同様のものであった。彼は、「天地の起源、人類の根本は天神である」と述べている。[12] 徳川末期の有名な歴史家であり漢文学者でもある頼山陽は、『日本政記』『日本外史』を著わした。彼の思想と学問的系譜は比較的儒家に近く、そのため歴史の記述は神武より始めている。しかし、彼はやはり何々の神だとか何々の命《みこと》の表を作っては、それを巻頭に掲げており、そのため、日本の維新が彼の文章から非常に大きな影響を受けたことは明らかである。

以上で述べたことは、日本の国体についての一つの見方である。日本では鳥羽天皇の時代（宋の徽宗の頃——原注）に全国の軍権が源平二氏に帰して以来、雄藩が割拠する封建時代へと変わった。「国」という語は藩の意味となり、社会の階級もまた厳密に区分されたものとなった。この制度は、明治時代の一八六九年に廃止されるまで続いた。[13] この封建時代における文明について述べるなら、それは確かに日本が大いに進歩を遂げた時代であった。と言うのは、当時の各藩は武力の面で競争したばかりでなく、文治においても競争を行なったからである。各藩主は先を争って、文学や武芸に秀でた学者を自分たちの家臣や顧問として招聘した。そして、自らの藩においても、努めて家臣の子弟たちを文武両道に秀でた人材に育て、藩の永遠の守り手とさせようとしたのである。武士もまた、藩主の権力が拡大し、土地が拡張され、それによって彼ら自身の収入も何石か増えることを望んでいた。何故なら、藩主は最大の地主であり、農民は大地主の農奴であり、武士は大地主個人のために家事を管理し、外部からの攻撃に備える下僕であったからである。「サムライ」という言葉の意味は、明らかに「侍者」の意味である。俗に「家来」というが、これもまたそのためである。こうした事実から見れば、「武士道」という主義を、今日の我々の思想から批評すれば、その最初は明らかに「奴道」に過ぎなかったのである。武士道の観念は、つまりは極めて幼稚な「食禄報恩主義」（俸禄に対する報恩の主義）なのである。後になって、山鹿素行、大道寺友山らが「士道」「武道」を内容とする書籍を著わすようになるが、それは武士道の上に儒家道徳の衣服を纏ったものであったのである。

（四）[14]

封建時代の社会階級は、現代の中国人にとっては殆ど想像もできないようなものである。この点から見れば、日本人には「同胞観念」が非常に欠乏していることが証明できる。「博愛」という道徳精神の多くは、古代において中国の儒家思想とインドの仏教思想から伝えられたものである。しかし、極めて平和的である仏教が日本にやって来ると、「殺伐とした宗教」に変わってしまい、宗派間の闘いを行なったり、またある一派の武士を擁護するために闘いを行なったりした。僧侶自身も「サムライ」臭さを帯びていた。そのため、仏教の愛人、愛物、無抵抗の精神は、日本の封建時代にあっては、極限にまでおちぶれてしまったのである。

農民は土地の所有権を持たず、全ての土地は藩主のものであった。また、農民は「姓」も持たず、帯刀することもできなかった。こうした現象は、中国の三千年前の程度と同じであり、天皇・公卿・藩主・武士といった支配階級を除いた残りの人々は、完全な人格を認められていなかったのである。これ以外にも、第四、第五階級に属して最も苦みを味わう人民がおり、彼らは穢多、非人と呼ばれて、完全に人間としての生活の外に追いやられていた。武士はしばしば、新しい刀を造ると、刀の切れ具合を試すために、非人を勝手に殺すことができた。このような残酷な社会組織と、支配階級の残酷な性格は、温和な性格の中国人が行ない得ることではなかった。

貴族院議員に杉田定一という人がいる。現在七〇歳くらいだが、以前は自由党の名士であった。ある時、私は彼の家を訪ねたことがあるが、彼の書斎を見るとそこには孔子像が置いてあった。彼は私に次のようなことを述べた。「この孔子像はいわれがあるものだ。私の家は元々農民であったのだが、父親がとても思いやりに溢れた人物で、知識というものは全ての人が持つべきものだと考え、学問のある漢学の先生を招いて、自宅で村の農民に学問を授けたのだ。しかし、藩の武士たちに知られてしまい、彼ら農民が学問をすることは僭越だと言うことで、私の家は差し押さえられ、先生も逃げ出し、耕作権も没収されてしまった。この孔子像は、その時に必死になって取り戻したものなのだ。当時、欧米の民権思想が次第に入り始め、漢学思想と欧米の思想が融和し、多くの人々がこうした非人道的な封建制度は打破しなければならないと考えるようになっていた。これは実に、やむを得ずに発生してきた自覚的な運動だったのだ」。彼のこうした意見は正しいと思う。明治維新は一面では幕府政治に反対する王政統一運動であったが、他面では人権の平等、自由を求める民間の運動でもあったのである。尊王討幕を唱えた人と、自由民権を唱えた人は、両者とも「公卿」と「武士」の階級の出身であったが、この民権運動は完全に思想の鼓吹に依拠しており、この点では薩長両藩がもっぱら強権に頼って政治的地位を独占しようとしたこととは違っていた。例えば、民権運動の最も有力な指導者であった板垣退助の思想は、全くフランスのルソーの『社会契約論』から影響を受けたものである。近ごろの日本の文化制度は、その大半がドイツから学んだものであるが、日本人の「同胞観念」を喚起し、日本人をして封建時代の残酷で殺生を好む性格から脱却させ、階級専横の制度を打破したフランスの民権思想の功績には多大なものがあったのである。

日本では源平が政権を執ってからというもの、殺伐たる権力争いが一日として止むことはなかった。戦争が多くなればなるほど、それに連れて武士の専横も目に余るものとなった。徳川氏の時代になると、幕府の権力は極めて強固なものとなり、各地の諸侯の勢力も均衡を保つようになった。そのため、誰しも自分の地盤を守ることに注意を傾けるようになり、戦争を起こそうと思わなくなった。文学と哲学が、この平和の幸福と共に発達したことは当然であった。その例として挙げられるものに、古学派の神権思想の復興があり、蘭学の輸入、そして漢学の発達があった。古学派の神権思想の起源については、既に前章で大略を述べたところである。蘭学の輸入について言うなら、それは日本の文明においては、築城、造兵、医薬などの知識をもたらした以外には、情勢とは何の関係も持たなかった。ただ、徳川時代の漢学の発達は、明らかに日本の近代文明の基礎となった。と言うのは、純日本学派の神権主義者であっても、「方法論」の面においては全くと言ってよいほど漢学の中から学んでいるからである。そのため、中国哲学思想は徳川時代において全盛期を迎えたと言うことができるのである。それでは、彼らが中国哲学思想の中から得た最大の利益は何であったのか。それは「同胞観念」であった。例えば、陽明学派の中江藤樹、朱子学派の藤原惺窩、中村惕斎は、みな「仁愛」の鼓吹に努めた人物である。制度の面から見れば、当時の様々な階級制度と支配階級の性格は、日本社会の進化の自然な段階に従って発生して来たものであるが、それは日本の部族闘争の時代における最大の欠点が、「同胞観念」の薄弱さであったことを証明している。徳川時代からの儒家思想の発達と、明治初年の民権思想の発達から見れば、日本の近代文明の進歩がまさに、「同胞観念」の発達と正比例していることが理解されるのである。現在の日本の支配階級は、全て封建時代の「サムライ」直系である。明治時代の教育の主義は武士道を標榜しており、更にそれは封建時代の浅薄な「食禄報恩主義」を踏襲するものでもあった。それ故、明治維新史を人道主義の面から観察すれば、それは日本文明史においてはもちろん長足の進歩ではあったが、世界文明史の陳列棚で比較してみると、その内容は極めて貧弱なものだったのである。

日本には尊大で自己満足的な学者が多く、往々にして「日本化」という三文字を頭の中に刻み込んで、これを捨てようともしない。私の考えでは、日本の学者のこうした考え方は、依然として「日本への迷信」にとらわれたものである。それでは日本の文明とはいったいどのようなものか。日本の学者たちは、非常に多くのこじつけや粉飾を行なっているのだが、日本の史書から中国、インド、欧米の文化を全て取り払ってしまったらどうなるだろうか。裸にされたところに残る日本固有の本質なるものは、南洋の蛮人と大差のないものと考えられる。文明とは、本来人類の公有物であって、もし一つの人類、一つの世界というものをはっきりと認めて、世界人類の普遍性の上に立脚しなければ、必ずや神権の迷信に陥ってしまう結果になるであろう。日本人は、自画自賛の「神秘文学」や「神秘哲学」を見てはたまらなく喜んでしまい、実はこのような生まれつきの性格が、日本文明の進歩を妨げる障害物であることを理解していないのである。

(五)

封建時代の「武士」の生活条件は、極めて簡単に概括することができる。それは、一に剣術、二に読書、三に交友である。剣術と読書は、武士にとっては必須の技量であった。剣術のできない人は、当然武士になる資格はなく、また学問がなければ武士階級の中で出世することはできなかった。そして交友は、封建時代の武士階級の「社会性」を表わすものであった。この時代においては、経済関係と社会関係の全ては極めて単調なものであった。武士の責任は、第一に主人の家を守ることであり、第二には自分の家を守ることであり、第三には自分の生命を守ることであった。そのため、武士たちは自分の主たる目的を、「お家のため」と見なしていたのである。この言葉は、主人と自分の家系と家名のために闘うということである。詳しく言えば、武士の家系は藩主の家系に従属しており、武士自身もまた藩主の家系と自分の家系に従属していたのである。このような家系の観念は、神権の迷信と密接な関係にあった。そのため、藩主本人或いは藩主の家系のために闘うという武士の精神は、物質的な社会関係や経済関係という結びつきだけでなく、歴史的な因襲にも起源を持つもので、神秘的な雰囲気に溢れたものであった。「生死を軽んじる」「然諾を重んじる」そして「意気を尊ぶ」という武士特有の性質は、もとより武士階級の生活の必要性に起因するものであるが、精神面から見れば、これらは彼らの神秘的な意識によって作られて来たものであったのである。

封建時代においては、家系保存のために努力するという残酷な事実と、奮闘の神秘的精神が、彼らの社会によって最も讃美されるものであった。これこそが道徳の極致であり、人生の真の意義であり、宇宙の大法であると考えられたのである。これができて初めて、最高の人格となり、神と一体となり、仏と同化し、宇宙と共に永遠に生き長らえることができると考えられた。神秘的であればあるほど、残酷であればあるほど、社会はそれを讃美したのである。そのため、この封建時代の道徳観念は、極めて幼稚なものであった。彼らが国を挙げて讃美した武士道の精華を、事実から説明しようとするならば、それは二つの事柄を挙げることができる。すなわち、「仇討」

と「切腹」である。「仇討」は殺人であり、「切腹」は自殺である。

「仇討」とは中国で言うところの復讐であり、本来法治の存在しない野蛮な社会によく見られる習慣である。日本の封建時代には、そうしたことが社会的に讃美されただけでなく、藩主からそれを行なう特別な許可が与えられていたのである。日本では曾て文学者が、しばしば仇討を格好の題材として、仇討人の性格を小説に描いたり、或いは詩歌を作ってその行為を讃美した。近代になっても、こうした仇討が日本人の最も高尚な精神の現われであり、最も優美な性格であると多くの人が考えていた。実際のところ、これもまたある種の「民族的自画自賛」であって、もしこうした行為が人類の道徳の基準になるのなら、アフリカやオーストラリアの土人でさえも、道徳の高さを自負する資格はあると言うものである。しかし、こうした行為は「生きるための闘い」の精神でもあり、維新後、日本人が民族生存競争の場において、勝者の地位を占めることができたのは、こうした遺伝的性格によるところが大きいのである。

仇討をする本人の精神と身体は、完全に「種族保存」の原則に支配されている。例えば、有名な曾我兄弟の仇討は、自分たちの家の存続のためであったし、大石良雄らのいわゆる「元禄義挙」は、藩主の家のためのものであった。このほかにも、自分が他人から辱めを受けた時に、直接に仕返しの手段を取った例は極めて多い。赤穂事件の原因もこれであった。これらは、全て仇討をする人自身に目を向けたものであるが、仇討事件とは利害関係のない人が、しばしば他人の仇討を手助けすることがある。日本語ではこれを「助太刀」と称する。正義のために力を貸す人は、社会的には高く称えられるのである。武士道の行為について言うなら、私はむしろこの「助太刀」の中にこそ社会的精神を見出すのであり、その道徳的意義は「仇討」自体に比べて更に大きいと考える。こうした正義の同情心は、男性だけにあるのではなく、女性の中にもこのような美徳が備わっており、武家の女性が主君や父、そして夫のために仇討をしたり、或いは他人に同情して、他人の仇討行為を成功に導いた例は、歴史的に多く見られるところである。このように社会的同情心に厚いことは、確かに封建時代の日本女性の美徳であり、こうした特色は今日に至ってもなお顕著である。

このような性格を、思想的に、そして学問的に奨励し完成させたのが、徳川時代の哲学思想、とりわけ日本古学派の哲学思想の特色であった。赤穂藩の中から大石良雄のような人物を輩出できたのは、山鹿素行の教育を受けた結果にほかならない。朱子学派、陽明学派の学者は、みな仁愛に関心を向けており、素行一派のようにもっぱら武力主義を説こうとはしなかったのである。素行は次のように述べている。「大八州《おおやしま》の成ること、天の瓊《ぬ》矛《ほこ》に出でて、其の形乃《すな》わち瓊矛と似たり。故に細戈千足国《くわしちたる》と号す。宜《むべ》なるかな。中国の雄武なるや。凡そ開闢以来、神器霊物甚だ多くして、天瓊矛を以て初と為す。是れ乃わち武徳を尊び雄義を表するなり」(15)。このような思想と歴史の系譜から見ると、日本の武力主義が、中国思想やインド思想から生じたものではなく、純粋に日本の神権の迷信から生じたものであることが理解される。「同胞観念」の欠乏、階級的服従性の強さ、対外的競争心の強さといった様々な性格は、みなこうした歴史的民族心理が遺伝して来たものである。もし我々がこうした事実に注意するなら、現代の日本についての研究は非常に容易なものとなるであろう。

（六）

封建時代では、政権、軍権、土地所有権の全てを、藩主と武士階級が独占していた。学問も武士階級が独占していた。教育機関としては、藩学のほかに私立の学塾があったが、これもまた武士のために設けられたものであった。商人と農民は、社会階級として武士から抑圧されていただけでなく、知識の上でも武士階級から抑圧を受けていた。農民は全く労働によって生活し、一生にわたって知識を持つことも、学問をすることもなく、また社会における栄誉や地位とは無縁であるが、一生にわたって自然を友として過ごしていた。そのため、彼らは性格の高尚さと優美さの点では、武士に匹敵すると言っても過言ではなかった。これに対して商人は、社会階級としては被支配階級にありながら、支配階級の近くに住み、生業も支配階級に依存しなければならなかった。そのため、彼らは卑劣でいかがわしい空気の中で世襲的な守銭奴となってしまい、性格的にも武士のような高尚さや農民のような純真さもなく、逆に彼らの境遇の中から自ずと惰弱、卑劣、虚偽といった様々な悪徳が生じて来たことは当然の成行きであった。人格的にも全く地位を認められていなかった商人が、高尚な徳性を身につけることがなかったのは当然のことであった。と言うのは、高尚な道徳は彼らの生活を助けるものではなく、逆にそれを妨げる可能性があったからである。有名な実業家である渋沢栄一は、ある文章の中で封建時代の商人の生活を極めて的確に論じている。次の部分からは、五〇年前の商人の気質を窺い知ることができるであろう。

国家の租税の主なるものが米であつた。蠟、砂糖、藍、塩抔といふやうな品物をも徴収し、幕府若くは諸藩が、其の収納した物品を自家の船舶にて江戸、大阪へ運送して〔中略〕それを又入札に附して商売人に売渡した。斯くして之を買受けた者が小売商人に分配した。尤も左様いふ方法ばかりでなく、此の外に自身で米を買つて売つた者、砂糖を売買した者もあらうが、重なる商品の販路は多く前陳の如き方法に拠つたものであった。故に、〔中略〕民間の商業といへば皆小売商人〔中略〕の範囲を出づることは出来なかつた。其の間蔵宿とか御用達とかいふ者はあつたが、それ等は数代続きの家柄で、主人は奥の座敷で一中節でもやつて居ればよい、店は番頭が一手に引受けて渡世をし、何藩の御屋敷に出入をする、盆暮には附届をしなければならぬ、又其の役人に吉原で御馳走をするとか、新町に案内するとかいふやうなことが巧みであれば、それで業務は十分に出来たものである。

〔中略〕

其の頃商人と役人との社会的階級の相違は甚しかつたもので、役人と商人とは大概同席で談話はしなかつた。極言すれば殆ど人類の交際はされなかつたものである。江戸では左様迄でなかつたかも知らぬが、余の郷里なぞでは別して甚しかつた。殊に小藩主の代官なぞは限りなく威張り散らし、通行の時は百姓町人は土下座をさせられた。〔中略〕町人が武家に向つて、弁論をするとか、意見を闘はすとかいふことは微塵も出来たものでなく、若し武家から無理を云ひかけられても「でも御座いませうが、何れ熟々考へて申上げます」此の位の挨拶で、同意せぬことは其の場を済ませたものである。真に町人の武家に対する態度は卑屈千万であった(16)。

商人は卑賤な地位に置かれたため、自然にある種の卑劣な性格を作り上げることとなった。武士たちは商人に対して一かけらの同情心も持たず、逆にそうした卑劣な性格を下賤な民に生まれつきの習性と見なし、それを「町人根性」と呼んだのである。人を罵る時にも、最も悪辣卑賤であるという意味を込めてこの言葉を使い、今でも上流階級では人を罵る時にこの言葉を良く使っている。こうしたことから分かるように、日本の封建制度は、一方では一部の「食禄報恩主義」の武士を育てながら、他方では下賤で卑劣な商人を作り上げたのである。武士の性格は、生死を軽んじ然諾を重んじるというものであるが、商人の性格は、信義を軽んじ金銭を重んじるというものである。一方は回教的な神秘道徳であるが、他方はユダヤ式の現金主義である。そのため、武士道の気質を受け継いだ軍人は、残酷で専制的ではあるものの、堅忍不抜、独立不羈という道徳性を多く持っているのに対し、「町人根性」を受け継いだ商人には、道徳的に見れば全く何一つ取るべきところはないのである。

現在の日本の実業家で、明治時代に入ってから新しい教育を受けた人を除いて、それ以外の七〇歳代の老人の中から、試みに武士出身の渋沢と町人出身の大倉喜八郎とを比較研究してみると、以上のような二つの異なった性格の違いというものをはっきりと見て取ることができるのである。

（七）

日本で幕府が倒れ、王政が復活した原因はどこにあるのだろうか。このことは、日本の維新史を研究する人がみな理解すべきところである。私の見るところでは、それは概ね以下のいくつかの点に概括することができる。これが私の独断であるかどうかは、日本の維新の歴史を研究してみれば分かるはずである。

①徳川幕府自体の腐敗。

②外国勢力の圧迫の増大によって、国民の「攘夷討幕」の感情が引き起こされたこと。

③薩長などの有力な藩がかねてから幕府に不満を持ち、時至らば行動しようと長らく考えていたこと。これらの藩は地理的に、海外へも京都へも交通の便が良く、そのため「尊王攘夷」の中心となった。

④徳川氏が執政を行なってから、古学派の神権思想と王権思想が普及したこと。

以上で述べた四つの原因は第一段階であって、この思想範囲の中の人々は欧米の近代思想の感化を全く受けておらず、世界がどのようなものであるのかも知らなかった。彼らはただ、外国人の跋扈と、それに対する幕府の譲歩を見ては恨み骨髄に徹し、「尊王攘夷」の旗を掲げて幕府に反対するに至ったのである。この数十年間に、欧米人が当時の日本の状況について記した本を読んでみると、当時の討幕の原動力であった浪人の行動が、義和団のそれと殆ど変わらなかったことが分かる。しかしこの時代、日本に通商を迫る各国の行動は、日増しに激しさを加えて行った。「黒船」の威力は、日本人の力では拒みきれるものではなかった。しかも、オランダの兵学が日本に輸入されてから既に数百年経っており、少しでも知識のある人なら、外国が学問的にも実力的にも優っていることを知っていた。そのため、一方では口では「攘夷」とは言いながらも、他方ではヨーロッパの学問を歓迎することとなった。当時、「英学」「仏学」と呼ばれたイギリスやフランスの学問の価値は、次第に一般の人々に認識されるようになった。そのため、幕府がひとたび倒れると、「尊王攘夷」という目標は、すぐに「開国進取」へと変わったのである。

討幕という事業の担い手は誰だったのか。それは神権思想の感化を受けた武士たちであった。京都出身の公卿たちはもともと単なる飾り物に過ぎなかった。三条実美であるとか岩倉具視のような人々は、下級武士が着る軍服のようなものでしかなかった。これらの武士たちの頭はふだんから英雄思想に満ち溢れていた。彼らが頭に浮かべる模範人物は、日本の戦国時代の群雄であり、いわゆる豊臣秀吉の雄図であるとか、加藤清正の戦功であるとかが、頭の中に充満していたのである。このような考えの下に「開国進取」が湧きあがったのであるから、その「開国進取」が何を意味するのかは、改めて説明する必要はないであろう。曾て、豊臣秀吉は朝鮮を攻撃したのだが、彼の目的はどこにあったのだろうか。それは、朝鮮国王への書簡の中に見出すことができる。私はここで、頼山陽の『日本外史』に記載されている中から、その一部を引用しておこう。

日本の豊臣秀吉、謹んで朝鮮国王足下に答ふ。吾邦の諸道、久しく分離に属し、綱紀を廃乱し帝命を阻格す。秀吉これが為に憤激し、堅を被り鋭を執り、西討東伐、数年の間を以て六十余国を定む。秀吉は鄙人なり。然れどもその胎に在るに当たり、母、日の懐に入るを夢む。占者曰く、日光の望む所、透徹せざるなし、壮歳必ず武を八表に輝さん、と。この故に、戦へば必ず勝ち、攻むれば必ず取る。今、海内既に治まり、民富み財足る。帝京の盛なる、前古に比なし。夫れ人の世に居る、古より百歳に満たず。安んぞ能く鬱鬱として、久しく此に在らんや。吾れ、道を貴国に仮り、山海を超越し、直に明に入り、その四百州をして尽く我が俗に化せしめ、以て王政を億万斯年に施さんと欲す。これ秀吉の宿志なり。凡そ海外諸藩の後れ至るものは、皆釈さざる所に在り。貴国、先づ使幣を修む。帝甚だこれを嘉す。秀吉、明に入るの日、其れ士卒を率ゐて、軍営に会し、以て我が為に前導せよ。(17)

この文章からは、豊臣秀吉自身の抱負だけでなく、武士たちの思想をも見出すことができる。

明治初期に権力を掌握した武士の頭の中にあった思想は、まさにこの文章と同じ類のものであり、彼らの性格もまた豊臣秀吉と同様のものであった。そのため、「開国進取」の目標が大陸に向けられたのは当然のことであったのである。

一般には、明治初年の征韓論は薩摩藩の西郷隆盛一派が提唱したものと考えられている。しかし、実際にはそうではなく、長州藩の中にも薩摩藩に後れずに征韓論を主張した人がいた。木戸孝允や大木喬任も、最初の頃は熱心に征韓を主張していた人物である。大木喬任には日本の国是を論じた文章があり、そこでは次のように述べられている。「世界各国の中で、最も恐るべきはロシアであり、この国は日本の大陸発展にとって最大の障害となろう。日本が大陸で発展しようと望むなら、ロシアと同盟を結ぶべきであり、そうすれば中国の領土はロシアと日本とで二分することができるであろう」[18]。この意見には、木戸孝允も日本建国の唯一の良策であるとして、大いに賛成した。この主張は、西郷隆盛より前のものである。しかし、後に彼らが権力を握ってからは、理想を同じくしながらも、現実の考え方から意見が分かれたのである。征韓を主張する人は、国内で封建制が廃された以上、早急に外部に発展しなければ、食い扶持を断たれた武士たちが叛乱を起こす危険性があると考えた。他方、征韓に反対する人は、日本国内の政治がまだ改良されておらず、力もまだ不十分であるため、早急に内政を整理すべきだと考えたのである。両者の違いはこのようなものでしかなく、根本的な部分での対立はなかったのである。

この時代には、ヨーロッパの民権思想に感化を受けた人がおり、そのような人々の中には世界の潮流を知り、日本のそれまでの法律や政治を続けていては国家の発展を図ることができないと考えるものもいた。かくして、民権思想は「開国進取」の思想と同時並行的に発展して行った。その中で、最も力があったのは英仏の思想であった。明治四年の統計によれば、東京だけで英語・フランス語を教える学塾が既に十一ヵ所あって、蘭学のそれと合わせると十九ヵ所になった。学生数は二千名を越えており、こうしたことから明治初年の外国文化輸入の勢いというものを見て取ることができるのである。

以上において、封建時代から統一の時代へと変動する日本の歴史を見て来た。ここから我々が感じ取ることは、簡単に言えば以下のようなことである。すなわち、日本の改革は大多数の農民、或いは商工業者の思想や行動から生じたものではなく、完全に武士という一つの階級が行なった事業であったことである。「開国進取」の思想、そして「民権」主義は言うまでもなく、武士という一つの階級によって鼓吹されたものであった。今一つ、そしてこれが最も重要な点であるが、「平等な同胞観念」はこの短い期間の中で、外来思想によって育成されたということであり、それが過去の思想から発展してきたものではなかったということである。このいくつかの重要な鍵となる事柄を理解して初めて、近代日本についての観察に根拠を与えることができるのである。

（八）

明治維新についての政治的・思想的見方は、前の二つの章で明らかにしたところである。もう一つの大きな変化は商工業の発達である。現在、日本は既に武力専横の時代から、金力専横の時代に変わった。もし、日本の本当の姿を観察したいと思うなら、どうしてもその商工業の発達の淵源を知っておかなければならない。何故なら、今日にあって日本の政局を動かしている力は、何人かの軍閥の領袖でも、また死に損ないの官僚でもなく、むしろ活気に満ち溢れた富豪であり、その支配下にある商工業組織だからである。現代日本の上流階級と中流階級の気質は、全く「町人根性」の骨格の上に、「武士道」という外衣を纏ったようなものである。こうした気質は、上流・中流階級全てに当てはまるとは言えないかも知れないが、少なくともその大半が持っているものである。――と言うのは、軍閥と官僚はもちろん「武士階級」の直系であるし、最も幅をきかせている資本家と商工業の支配者は、「武士」と「町人」の混合体なのである。政党はと言えば、それは軍閥・官僚・財閥の間に介在する大ブローカーである。何故なら、多数の人々の権利は、自分たちで要求して得られたものではなく、少数者が分け与えてくれたものであり、しかも先祖代々数百年にわたって受け継がれてきた被支配根性は、短期間のうちに取り除くことができるものではないからである。

現在では、田舎の農民は既に藩主や武士との主従関係がなくなっているにもかかわらず、藩主の名を聞くと、やはり神様のようにこれを崇め敬ってしまう。数年前まで、旧藩主が旧領地に帰ると、人々は以前と同様に「土下座」して迎え、旧臣下たちもまた以前と同様に臣下の礼を執っていたものである。現在では、旧藩主も次第に他界していなくなっており、爵位を継いだ子供の世代ともなれば、旧藩領とは全く関係がなくなっている。地方では、若者たちはもちろんのこと、中年以下の人は直接に封建的圧制や束縛を受けたこともない。この時代になってようやく、封建的観念が薄らぎはじめたのであるが、それほど「因襲」を除去することの難しさが分かるというものである。

明治初年の廃藩置県以後、武士の世襲財産は中央政府によって剝奪された。武士の職業上の特権は、徴兵令によって取り消され、知識面での特権は普通教育の制度によって取り消された。武士は既に世襲の財産と職業を失い、限られた俸禄によって一度は生活できたものの、後にはそれすらもなくなったのである。この時、産業革命の風潮が次第に芽生え始めており、落ち目の武士たちが安定した生活を送るためには、「武士道」の外観を捨て去って、商業に活路を求める以外に方法はなかった。しかし武士たちはこれまで、算盤を扱ったり、お世辞の一つでも口にしたり、更には人に頭を下げることなどには不慣れであった。そのため、一旦「町人」と競争になるや、必ずと言ってよいほど失敗に終わったのである。維新の後、没落の悲境に陥った武士は非常に多かったが、それは全てこうした理由によるものであった。

中央の政権は幕府の手中から皇室へと移った。しかし、一言で言うなら、それは実際には薩長両藩の武士の手中にあった。三条実美や岩倉具視のような、「龍に従って関に入った」旧公卿もいるにはいたが、彼らは実際には天皇のための飾り物であり、飛ぶ鳥を落とす勢いであった武士出身の新公卿のために傀儡を務めたに過ぎなかった。薩摩藩の勢力は、征韓論の失敗によって完全に中央から締め出され、執政の大権は長州藩の武士によって独占されることとなった。これら権力を握った武士たちも、落ち目の武士たちと同様に、今後は武士階級というものがなくなることを認識し、金儲けの方法として商売に目をつけた。しかし彼らにとっては、その地位が高かったこと、政権による保護を受けられたこと、そして国家の歳入を利用できたことは、活動を有利にするものであった。そのため、いくつかの大事業を選んで独占しておけば、それだけで金儲けの方法としては十分であり、自分で算盤をはじいたり、資本を集めたりする必要はなかったのである。

既に第六章で述べたように、それまでの日本の商業は各藩の手で営まれていた。維新以後は、対外貿易の趨勢は日増しに高まって行った。政府は「殖産興業」をスローガンとして掲げ、これを政治の大方針とした。かくして、国内の商工業と対外貿易は急激な勢いで発達し、「武士」と「町人」の結託——すなわち政府と商人の結託——もまた、ここから密接なものとなって行った。もし、明治の商工業発達史を表裏から詳細に研究してみれば、この間の怪しげな事情を理解することができる。いくつかの例を挙げるなら、現在の大資本集団である三井、岩崎、大倉などは、いずれも「御用商人」から膨張して来たものである。三井、岩崎の両家は、封建時代からの古顔の御用商人であるし、[19] 大倉喜八郎はもともと貧乏な「素町人」であったのが、たちまちのうちに成り上がり巨万の富を蓄えるに至った。これは何によって可能となったのか。言うまでもなく政府の買弁を務めたおかげなのである。

（九）

ここでは、明治初年におけるいくつかの有名な事件を示し、日本の「元老」や金持ちというものがどのような性質を持つものであるかを明らかにしよう。

（1）山城屋事件

長州藩に野村三千三という武士がいた。維新討幕の時には、山県有朋と同じく奇兵隊の隊長を務めた人物である。野村は、時代の潮流が「刀」中心から「金銭」中心に変わろうとしているのを見て取り、官職に就くことをやめて商業で力を蓄えようと考えた。当時、ちょうど山県有朋が陸軍大輔を務めており、同郷かつ同僚であることから、国庫の資金から六〇数万円が野村に貸し与えられた。野村はそこで「町人風」の名前に変え、山城屋和助と称して外国人との貿易を行なった。しかし後に、莫大な損失を出して、どうすることもできなくなってしまった。そこでやむを得ず、山県は再び彼に資金を貸して元を取り返させようとした。すると和助は、「元を取り返すには、自分で外国に行って実地調査をやって、消費市場と直接結びつくことが必要だ」と言って、大金を持ってパリに赴いた。その後、この和助さんは大金を使い果たして、新聞紙上を賑わすこととなってしまった。パリの日本公使としては訳が分からないということで、本国政府に電報を打ってよこして、和助の経歴を照会して来たのである。ちょうどその時、司法大輔を務めていたのが、硬骨漢として有名な江藤新平であった。陸軍省の中にも、長州人を憎む薩摩派の軍人が少なからずいた。このような様々な力が合わさって、公金流用の事実が発覚したのである。それでも、この時は西郷隆盛が調停に乗り出したため、会計担当者の船越衛という人物が免職になっただけで、この事件は終わりとなった。後に、山県はこの恩義に報いて船越を枢密顧問官に抜擢し、娘を船越の息子に嫁がせている。

（2）尾去沢銅山事件

日本の東北に南部という藩があった。南部藩の豪商で村井茂兵衛という人物がおり、彼は尾去沢銅山の採掘権を持っていた。藩がある借款を返済する際に、彼は藩主に替わって二万五千両の金を立て替えたことがある。その藩の決まりでは、藩主が民間から借金する際には借用書を書かず、貸した方が証文を書いて藩主に渡さなければならなかった。そして、借用の証文の書き方も奇妙なもので、「奉内借」というのである。直訳すれば、これは「内府から貸して頂く」という意味である。いったい藩主から借りたのか、それとも藩主に貸したのかとなると、字面から見れば当然の如く藩主から借りたということになる。廃藩置県以後、各藩の債権と債務はみな中央政府によって引き継がれた。この時、井上馨が大蔵大輔の地位にあったが、彼はこの金が村井茂兵衛の債務であるから、彼に返還させるべきだと判断した。村井は必死になって抗弁したが、役所は聞く耳を持たなかった。やむなく、村井は五年分割払いとすることで折り合おうとしたが、政府は以前と同様これを相手にしなかった。しばらくたって、政府は突然村井が所有する尾去沢銅山を競売に付し、井上は部下の岡田平蔵にこれを落札させた。村井はこれを不服であるとして訴訟を起こした。この事件もまた、江藤新平の手にかかって徹底糾明され、井上馨らの罪が暴かれる寸前まで行った。しかし、三条、木戸が庇ってくれたお蔭で処罰されることはなかった。江藤新平はこの事件が原因で辞職した。この事件は、後に数人の属僚の軽い処罰があっただけでおしまいとなった。結局、尾去沢銅山は井上のものとなり、井上はこれを三菱に売って大儲けし、また、岡田平蔵、益田孝といった人と共に大きな商売をしたお蔭で、財閥元老の基礎を作り上げることに成功した。この銅山は、日本の有名な銅鉱であって、日本の事情に注意している人ならその価値が分かるはずである。三菱としては、これが大きな宝となったことは言うまでもない。

以上の二つの事件は、言わば氷山の一角であるに過ぎず、このほかにも表沙汰にならなかった事件はどれほどあったかははかり知れない。そのため、江藤新平は非常に不満を覚えたのであるが、他方、出世と金儲けを目論む武士出身の新公卿たちも、江藤に対しては恨み骨髄に徹していた。後に、江藤新平は明治七年[20]に政府に対して軍事行動（佐賀の乱）を起こしたが、政府軍によって打ち破られ、捉えられて晒し首になった。その報せは各県に伝えられたが、これは全てこうした私恨から生じた結果であったのである。

大正三年の海軍収賄事件[21]において、有罪宣告を受けたのは、海軍部内の有力者と、三井株式会社の上層部の人であった。この事件においては、三井は莫大な金と力を動員して、被告の罪を軽減すべく運動を行なった。結局、海軍の財部と三井の山本は執行猶予というまずまずの判決を受けた。この事件は、「武士」と「町人」がぐるになっていることを示す絶好の資料である。日本の大商人は、一人として陸海軍当局と結託していないものはおらず、また元老と密接な関係を持たないものもいないのである。陸海軍機関の重要な部署にある人物や一般の官僚で、商人と繋がりを持たないものもいない。そのため、「軍国主義」「資本主義」「官僚政治」とは、お互いに持ちつ持たれつの密接な相互依存関係にあったのである。資本家には軍国主義を維持しない人はおらず、また軍国主義者で官僚主義に反対するような人物はいなかったのである。日本の歴史を見れば、この中の秘密というものが明らかとなるであろう。

（十）[22]

「武士」と「町人」の結託については、以上のような事実から既に明らかとなった。それでは、政党とはいったいどのようなものであるのか。この問題もやはり、日本を研究する人が注意しておかなければならない事柄である。

同じ「武士」でありながら、「王政復古」「廃藩置県」の洗礼を受けた後には、成功した人もあればうまく行かなかった人もいたし、また間接的に商売を行なって財をなしたものもあれば、直接商売に手を出して失敗したものもいた。八年前、私が旅行で大連に滞在した時、ある日本料理屋で酒を飲んだことがあり、そこである妓女に出会った[23]。彼女は私に旅券を見せてくれたが、そこにははっきりと「士族」と書かれており、その家系について尋ねてみると、彼女の父親は曾て尊王討幕の志士であると言うことであった。こうしたことからしても、武士階級の運命も多様であったことが分かる。

廃藩置県の際、武士たちには僅かばかりの金が与えられたが、彼らの殆どは座して食らうばかりで使い尽くしてしまった。そうした不遇な武士たちには、進んで階級を下げて商売を始めたものの、算盤もできずに大損をしてしまった人がいたが、そうした人たちについてはこれ以上述べる必要はない。また、有能で勢いがあって、ようやく地位を得た人々の中にも、機会に恵まれなかったり、或いは力が足りなかったり、性格上の問題などの理由で、権力を得ながらも全権を握れなかったり、地位を占めながらも別の人に追い出された人もかなりの数に上る。もちろん、成功した武士は大将や大臣となって横暴を極めたが、他方、不遇な武士は野に下って反逆者とならずにはいられなかった。

そのうち、江藤新平の挙兵と西郷隆盛の挙兵は最大のものであった。「神風連」の挙兵、前原一誠の挙兵、越智彦四郎らの福岡での挙兵などは、小さな方のものである。総じて言えば、成功した武士と不遇な武士との衝突は、不遇な武士が成功した武士に取って代わろうとするものであった。これは、生物学の原理からこれらの反乱を解剖した、正しい結論である。しかし、成功した武士は成功のままに、不遇な武士は不遇なままに定まった。不遇の武士は人々に称えられ、成功した人は人々に唾棄された。しかし、もし木戸と大久保が失敗し、江藤や西郷といった人が成功したとしたら、いったいどうなっていたであろうか。それは、必然的な法則に従って、やはり軍国主義、官僚政治といったものではなかったであろうか。

これらの反乱者たちは、勇敢であり、潔癖であったかも知れない。しかし、彼らは愚かであって、時代が求めるものを知らなかったと言わざるを得ない。何故なら、彼らは立憲政治や民権運動という素晴らしい看板と名称があることを知らず、また政党組織という良い方法を知らなかったからである。江藤新平は、こうしたことを少しは理解できていた。しかし、政権にあまりにも執着しすぎて、忍耐できず、そのため不平に駆られて挙兵してしまった。江藤が挙兵した原因の一半は、部下に迫られたことにもある。また、一部の不遇な武士の中には、上述のような別の方法があることを理解していたために、反乱を起こすことなく、無駄死にしなかったものもいる。結局のところ、武勲は文治に及ばないのである。

征韓論が失敗して辞職した参議のうち、西郷隆盛は戦いに敗れて死に、江藤新平もまた捉えられて晒し首にされ、二人がいなくなった。それでは、征韓論時代に華々しく活躍した板垣退助、副島種臣、後藤象二郎という三人は、どこへ行ってしまったのであろうか。このことを考えるに当たって、我々は日本の政党について研究しなければならない。

五参議辞職の後、西郷隆盛は鹿児島に戻った。五参議のうちで、最も新しい思想を持ち、明治以前から四民平等を唱えていた板垣退助は、後藤、副島、江藤と手を結んで民選議院の開設を主張して愛国公党を結成した。後に江藤が横死すると、板垣は強い不満を表わし、「あのように忍耐力のない子供には、大事業を成し遂げることなど絶対にできない」と述べた。そして、「板垣死すとも自由は死せず[24]」の志を持って、土佐に帰って立志社を組織して自由民権を唱えた。西郷隆盛の挙兵が失敗に終わった後、武力による改革がもはや効力を持たないことが証明され、大方の武士たちは反乱を起こそうとはしなくなった。そして、板垣の民権論の影響を受けて、全国各地に数多くの政治結社が作られた。武士は刀を捨てて論客文人となり、板垣の愛国社がこの政治運動の中心となった。そして、愛国社は「国会期成同盟」と名称を変え、更には自由党となった。五参議の辞職に同調しなかった大隈重信も改進党を組織した。政党が成立すると、間もなく議院が開設された。しかしそうは言っても、政党はやはり政党であって、落ち目の武士もやはり落ち目の武士のままであったことに変わりはなかった。

政党が登場し、議会が開設されると、議会と相対立する地位にある政府は、当然議会と政党を操縦しようとする。操縦の方法には二通りしかない。一つは圧迫であり、今一つは買収である。

また、商工業の経営者から見れば、政党も議会もない段階では、彼らは政府だけを相手に運動を行なっていればよかった。しかし、議会と政党ができ、それらが立法権を握ってしまうと、どんな問題であろうとも議員と渡りをつけ、政党を買収しなければならなくなった。政党の方からすれば、その目的は政権を掌握することであり、それを完全に掌握できないとしても、できるだけ政権に近づくことが必要である。こうした目的のためには、先ず党勢を拡大する必要が出て来る。更には、金銭も不可欠なものである。そのため、政府には政党を利用する必要があり、商人には政党を利用する必要があり、更には政党にも官僚を利用すると同時に、商人を利用する必要があったのである。しかし潔癖な領袖や党員は、卑劣な手段を用いたり、或いは圧力をかけられたりすることに慣れていないため、当然こうした政治的な折衝を行なうことはできなかった。「政治」というこの茫々たる大海原の中を泳ぎ回り、身を翻し手練手管を弄するものは、官僚や軍閥の手先となるのでなければ、資本家の庇護を受けるのである。その反覆常なき様は、全て「政権」と「財権」のためであった。強者は人を利用し、弱者は人に利用される。こうした抽象的な話は、決して日本に特有の病弊ではないが、過渡期の日本の政党、すなわち落ち目の武士たちが組織した日本の政党には、こうした病弊は極めて多いと言える。そのため、私はそれを批判して、政党が軍閥、官僚、財界のブローカーだと言うのである。更に明確に言うなら、それは「成功した武士」と「成功した町人」の幇間である。私は決して酷薄な言い方をしているのではない。これは、四〇年来の日本の歴史を仔細に検討してみれば分かることなのである。

私は突然、板垣先生のことを思い出した。彼は日本の自由民権運動の創始者である。明治時代以前から、彼は人民の平等のために尽力し、沢山の業績を上げて来た。日本の農民や労働者は彼に感謝すべきはもちろんのこと、贅沢三昧をしている官吏もまた彼に感謝しなければならないのである。この先生の奮闘がなかったなら、日本には今日のような文明の発達はなかったであろう。彼は実に、近代日本の第一の恩人に数えられるのである。私は、「文明」と「人道」の見地から、この先生に感謝しており、日本を訪問するたびにいつも先生を訪ねることにしていた。しかし、先生の家を訪ねるたびに、心が痛まずにはいられなかった。それは彼が苦労していたからでも、貧困であったからでもない。彼はもともと安逸を望まず、発財を望まず、そのためそのような境遇になったのである。そうでなければ、早くに元老の指導者格になっていたであろう。苦労は彼の本分であり、貧困もまた彼の本分であった。それでは、何故心が痛んだのかと言えば、このような老名士、大恩人に取り合おうとする人がいなかったからなのである。「門前冷落して車馬稀なり」どころではなく、全く「門前冷落して車馬なし」という状態であって、取材のための新聞記者すらやって来なかったのである。日本で良く「食禄報恩主義」を口にしていた武士たちは、今やその性格を完全に「町人根性」に同化されてしまったのではないかと、私は考えている。一時名を馳せた、あの大井憲太郎らでさえも、おちぶれ果ててしまったのは言うまでもなく当然のことであった。

（十一）

以上で述べたことを総合してみると、過去の日本と現代の日本は全て明らかにすることができた。詳細な事柄については、みなさんが専門の書籍に当たって調べて頂くか、日本の歴史を専門に研究している有名人に聞いて頂きたい。私は、「書を読みて甚だしくは解を求めぬ」ものであるから、更に私に何か特別な材料を求めるなら、それは難しいことである。しかし、ことわざでは旨いことを言うもので、「今を見るに宜しく古に鑑みるべし、古として今に成らざるはなし」なのである。五〇年来の日本は、五〇年前の日本の変化して来たものであるが、将来——それも近い将来——の日本はどのように変化するのであろうか。言うまでもなく、このことは現在の局面の中から推測することができるのである。

歴史とは進化し、応報するものでもある。すなわち、一つの原因の種が播かれれば必ず一つの結果が生じ、結果もまた原因となり原因もまた結果となるのである。数億年の時間は全て一定の進化の原理に従って歩んでいるものである。私の見たところでは、「武士」独占の時代は、既に五〇年前に過ぎ去った。「武士」「町人」の混合体の時代も次第に過ぎ去り、全てが過ぎ去る時期が必ず間もなく到来するであろう。将来の時代は如何なるものであろうか。前のいくつかの章の中で既に述べたところであるが、日本の封建時代の社会階級は「武士」「町人」「労働者」「農民」「穢多」「非人」の六つの階級であった。ここでの労働者階級は、言うまでもなく現在の工場組織の下での労働者とは全く異質なものである。「穢多」「非人」という二つの階級は、維新の時に「平民」という高貴な肩書きを手に入れて、現在では労働者・農民の二つの階級の中に吸収されたものもいるが、多くは依然として第五、第六番目の社会階級の中におちぶれたままである。しかし、この階級は元々多くないので、これ以上区別して観察を行なう必要はない。大まかに言って、私は以下のような結論を下したいと思う。すなわち、将来――それも近い将来――の日本は、「労働者」「農民」の時代であって、「武士」や「町人」の時代ではない。「民主主義」の時代であって、「軍国主義」の時代ではない。「社会主義」の時代であって、「資本主義」の時代ではない。「人」の時代であって、「神」の時代ではない。「軍閥」「財閥」の運命は殆ど頂点に達しており、そこを越えれば最早山道を下るばかりである。上りはゆっくりであるが、下りはとても速いものである。また、「政党」というものも既に歴史の遺物である。人々は、軍閥政治や官僚政治が倒れたら、政党がそれに替わるだろうと見ており、日本の現在の大政治家もまたそのような夢想を抱いている。原敬内閣が出現すると、日本人はこの平民内閣の始まりを非常に喜び祝ったものである。しかし、歴史の関係から研究してみると、現在の政党は将来の新しい日本を代表することができるであろうか。軍閥・財閥の大ブローカーは引き続き、階級のブローカーになることができるだろうか。私は不可能だと思う。軍閥は現在まだ完全に倒れておらず、財閥もまだ羽振りが良いため、この党閥にはまだ多少の命運はある。もし、軍閥・財閥が本当に勢力を失ったなら、政党の商売のお得意様がみないなくなってしまうのであり、そこでようやく開店する余地はなくなるのである。

日本の将来について観察を行なうことは、決して難しいことではない。何故なら、毎日のように新聞紙上で我々に供給される材料は既に非常に多くなっており、もし注意深く研究するなら、それは過去の歴史を観察することよりもずっと簡単なことなのである。しかし、私としてはやはり、これまで研究した体系というものをみなさんに少し述べておこうと思う。

日本は本来農業国であり、当然のことながら農民が大多数を占めていた。この数十年来、工業が次第に発達し、人口もまた日に日に増加し、この新しい経済組織の中で新たに「労働者」の階級が生み出された。商工業が発達すればするほど、田舎の農民はますます都市によって吸収されるようになり、労働者階級の人数が増えれば増えるほど、社会における貧富・苦楽の程度はますます天地の如く懸け離れて行くものである。政治的な優越権は完全に資本家階級によって独占されてしまう。人民は政治的な手段を利用して、労働者・農民のために僅かばかりの幸福を図ろうと思っても、それもできない。それだけでなく、被支配階級は政治を離れて、社会的な方面から、自らの手で自らの利害をどうにかしようと思っても、それもできない。明治三三年に発布された治安警察法を見れば、そのことは明らかである。農民が置かれた地位は、労働者と同じであるとは言うものの、階級的抑圧や資本による抑圧に対する直感や直覚は、労働者ほど鋭敏なものではなく、田舎での生活は結局のところ都市のそれと比べてみると様々な面で比較的容易なものである。しかも、農民は分散的であって集団的ではなく、それ故、社会運動に対しても労働者のように熱心ではなく、資本家階級や支配階級に対する感情が労働者のように激烈でないことも当然である。以前、多くの知識階級の人で、政治や経済の権力争いで後れをとった人たちは——実際に社会主義の立場に立っていたかどうかは分からないが——社会主義を鼓吹したが、日本の商工業の膨脹がまだ最高潮に達していなかったため、階級的自覚がまだ十分に徹底せず、そのため成果は非常に少なかった。この度の欧州大戦の発生以後、各種の事業が突然数倍にも増加した。資本家たちは以前には蓄えがないことを心配していたのであるが、現在では蓄えは十分すぎるほどあるのだが、それを運用する場所がないことが心配でたまらないのである。生産が増えた結果、当然物価は暴騰し、労働者と一般の頭脳労働者の中で「物価暴騰」の圧迫を受けないものはいない状態である。富豪たちの贅沢が増える様は、実に「平民の生活難」と対照をなすものであって、平民階級の自覚はこうした中から発生して来たのである。

これらは内面的な原因であり、このほかに外部的な原因もある。言うまでもなく、ロシア革命、ドイツ革命と戦後の各国において雨後の筍のように発生した社会運動は、みな日本の平民の神経に刺激を与えた興奮剤であった。この二、三年来の日本の社会思想と社会運動の進歩は、実に一瀉千里と言うべきものであった。ここから分かることは、天下の事柄は時が来れば自然に成就するものであって、その時代に至らなければそのような事実はあり得なかったということである。当初、日本の社会主義者は資本経済が幼稚な時代に、欧米の社会思想を強引に輸入しようとしたのであるが、支配階級がこれを猛烈に抑圧しただけでなく、平民階級自身もまたそのような必要性を感じなかったのであって、いわゆる「黄河に到らずんば心死せず」（行くところまで行かなければ心を改めない）ということであったのである。

社会運動の大潮流は滔滔と、資本勢力の膨脹と平行線を成しながら日本国の中に流れ込んで来た。それでは、日本の支配階級はそれに対していったいどのような態度を取ったのであろうか。最近の様々な事実を総合して観察してみると、それは、彼らが「手放せない」し「捨てがたい」という言葉で表わす以外には批評のしようがないものである。官僚・軍閥は言うまでもなく、資本家階級も血塗れの刃物を捨てたいと望むのかと言えば、そのような気はないのだ。そのように望まないとすれば、敢えて猛烈な力で対抗するのかと言うと、そのようなこともしない。それでは、政党は本当にその世襲の仲買業のような仕事を他人に譲りたいと望むのだろうか。そのようなことは望んでおらず、しかもそれが倒産したら後を引き受けようとするものもいない。それでは、相変わらず軍閥・財閥と一緒になって敢えて突撃するのかと言えば、それもしない。する勇気もなく、望んでもいないのである。鶏の骨はいつも捨てがたく、手放せなく思うものである。仕方がないので、資本家は「恩情主義」を取り、政党は「制限的普通選挙」を主張するしかない。ああ、「恩情主義」や「制限的普通選挙」という十分に火が通っていない点心を、日本の平民は決して食べてはならないのである。

（十二）

従来の日本の趨勢については第十一章で述べたが、大まかであるとは言え、ほぼこうしたことにほかならない。こうした様々な日本の内容から、日本の対中国政策と世界政策を観察してみると、それは非常に簡単に明らかとなる。五月九日、私は日本国民に対して意見書を発表し、日本国民に「政治組織を改革して、その伝統的政策を廃除すること」を希望した。[25]この二つの言葉は極めて簡単ではあるが、私はこれが日本国民に対しての最も心のこもった忠告であると信じている。何故なら、私が研究した結果から判断すると、日本の中国に対する全ての侵略政策は、ある一人の日本人が独創したものではないからである。そのため、ただに寺内正毅や田中義一ら数名の人だけを非難することができるものではないばかりでなく、また単に余命いくばくもないような山県有朋だけを責め立てることなど絶対にできるものでもなく、更にはこれが政友会や憲政会の責任であると言うべきものでもないからである。もとより、一つ一つの事柄をこと細かに言えば、彼らはみな責任を負わなければならないのであるが、さりとて彼らがみな全ての責任を負わなければならないものでもない。全ての責任は日本建国の主義の中にあり、日本の支配階級の思想の中にあり、日本の政治社会の組織の中にあるのである。それ故、私は簡単にそれを包括して、日本の「伝統的政策」と呼んだのである。日本にこの伝統政策を放棄させることは果たして可能なことであろうか。現在のこのような政治組織の時代、つまり武士と町人が作り上げた軍閥・官閥・